노래하는 마음

일러두기

최효인은 가수 '최해든'의 개명 전 이름이다. 듀엣가요제, 복면가왕 무대는 개명 전 이름(최효인)으로 참가했다.

# 노래하는 마음

최해든 지음

아델북스

나는 행복해서 노래를 부르는 것이 아니다.
노래하기 때문에 행복하다.

_William James

프롤로그

## 오직
## 하나뿐인 노래

 

오래된 캠코더의 전원을 켰다. 지직-지직 잡음이 흐르고, 노이즈 낀 화면 너머로 작은 윗입술이 잔뜩 들린 채 세상 모르게 깊이 잠들어 있는 한 아이의 모습이 보인다. 넓은 침대 한가운데 떡하니 누워 작은 베개에 엎드려 있는 나의 얼굴을 향해 천천히 클로즈업이 들어간다.

지-이잉

한쪽 볼에 선명하게 남아 있는 침 흘린 자국, 눈가에는 베개 자국도 또렷이 찍혀 있다.

이리 뒤척, 저리 뒤척 비몽사몽인 상태로 눈은 껌벅껌벅, 애꿎은 머리만 벅벅 긁어대며 태어나서 처음 보는 수상한 캠코더를 멍한 얼굴로 쳐다보고 있다. 그러자 갑자기, 내가 주인공이던 화면 속으로 희끗한 머리카락 한 올 보이지 않는 30대의 젊은 남성이 등장했다.

　아빠였다. 아빠는 나에게 다가와 헝클어진 머리카락을 도끼빗으로 쓱쓱 빗겨 주더니, 캠코더만 뚫어지게 바라보는 나를 보고, 내 손을 잡아 그 손끝으로 캠코더를 가리키며 '카메라'라고 소리내어 알려주었다. 나는 아빠의 말을 듣자마자 힘차게 "아에라!" 하고 따라 말했다. 그런 나를 보며 웃던 아빠는 나를 번쩍 안아서 침대 아래로 내려주었고, 텔레비전 장식장 위에 놓여있는 전축 앞에 서서 카세트테이프를 넣고 재생 버튼을 꾹 눌렀다. 테이프가 돌아가는 소리 위로 일렁이는 반주가 흘러나왔다.

　　띠디디 디딧 띠디디 디디
　　빰 빠밤 따다 따다 딴 따다~

　스피커를 통해 흘러나오는 화려한 리듬과 반주가 온

집 안에 가득 울려 퍼졌다.

심신의 '오직 하나뿐인 그대'.

내가 태어나 처음으로 들은 가요였다. 심장을 쿵쾅 때리는 인트로에 이끌려 나는 놀람과 멍한 표정이 뒤섞인 얼굴로 낯설고 강렬한 음악이 흐르는 스피커에 조심스레 귀를 갖다 댔다.

유행가에 사로잡힌 두 살배기의 나는, 어눌한 발음으로 후렴구 첫 가사를 흥얼거리며 집 안을 이리저리 휘젓고 다녔다.

"즈(그)때(대)여!"

동요 '뽀뽀뽀'보다 '오직 하나뿐인 그대'에 먼저 반응했던 그대.

미미 인형보다 로보캅 모자를 좋아하고,

예쁜 머리핀보다 검정 선글라스를 즐겨 쓰던 그대.

또래 친구들과 달리 치마를 싫어하고 바지만 고집했던 그대.

주변 어른들이 "예쁘다"보다 "멋있다"라고 말할 때 날

아갈 듯 기뻐하며, 허스키한 목소리로 노래 부르는 걸 세상 무엇보다 좋아했던 그대.

그렇게 아무것도 몰랐던 시절, 나의 귓가에 스며들어 서른다섯이 된 지금까지도 깊숙이 들러붙어 있는 내 인생은, '오직 하나뿐인 노래'다.

차례

프롤로그 • 오직 하나뿐인 노래　　　　　　　　6

## 1부. 모든 것이 노래였다
무대 대신 마트로 출근합니다　　　　　　　15
아빠의 캠코더　　　　　　　　　　　　　　23
야시장 무대의 남매　　　　　　　　　　　　28
하늘색 꿈　　　　　　　　　　　　　　　　32
화이트 스카이　　　　　　　　　　　　　　40
성시경을 닮았던 아이　　　　　　　　　　　49
돌이킬 수 없는 선택　　　　　　　　　　　57
뭐 하나 만만한 게 없다　　　　　　　　　　64
순도 100퍼센트의 열정　　　　　　　　　　71
초심으로 돌아가기　　　　　　　　　　　　80
블리쉬 녹턴의 탄생　　　　　　　　　　　　86

## 2부. 꿈의 무대
가려진 나의 길　　　　　　　　　　　　　　97
듀엣가요제　　　　　　　　　　　　　　　107

| | |
|---|---|
| 파트너, 정인 | 117 |
| 새로운 파트너, 한동근 | 129 |

## 3부. 청춘이라는 이름의 파노라마

| | |
|---|---|
| 물거품이 된 나의 꿈 | 139 |
| 첫 해외 공연 | 142 |
| 파노라마 | 147 |
| 시련의 계절 | 152 |
| 당연한 것들의 소중함 | 160 |

## 4부. 노래하는 마음

| | |
|---|---|
| Dear 노래 | 175 |
| 나라는 사람, 나라는 가수 | 178 |
| 이런 가수로 기억되고 싶다 | 183 |
| 노래하는 이의 마음 | 185 |

## 5부. 부록: 노래 일기

| | |
|---|---|
| 에필로그 • 끝나지 않을 노래 | 214 |

_01_

# 모든 것이 노래였다

## 무대 대신
## 마트로 출근합니다

 

 오늘도 어김없이 출근을 위해 아침 일찍 눈을 떴다. 새벽 늦게 자는 습관 때문인지 일찍 일어나는 일은 여전히 쉽지 않다. 대충 씻고 모자를 푹 눌러쓴 채 검은 패딩을 걸친 후 캡스 보안 키만 챙겨 서둘러 나가 버스를 기다리고 있다.

 출근 시간의 버스는 늘 사람이 많아서 앉을 자리가 없다. 나는 손잡이를 꽉 잡은 채, 어떤 노래를 들을지 고민하고 있다. 요즘 빠진 노래는 블리쉬 녹턴의 미발표곡*.
 동생과 나는 톡 방을 뒤적이며 이상하게도 출근길에는 여러 미발표곡을 찾아 듣게 된다.

---

*2025년, '기댈 곳'이라는 제목으로 정식 발매되었다.

'언제쯤 발매할 수 있을까?'

'언제쯤 이 노래를 무대 위에서 부를 수 있을까?'

그런 생각을 하며 마트 난로에 그을린 패딩 자락을 바라보다가 조용히 한숨을 내쉰다.

버스가 정류장에 멈추자, 나는 또 무거운 걸음으로 마트를 향해 걸어간다.

나는 무명 가수이자, 오전에는 마트에서 캐셔로 일한다. 집에서 마트까지는 도보를 포함해 약 30분이 걸린다. 출근 시간은 오전 8시 50분. 비록 오전 근무이지만 하루도 쉬지 않고 매일 나가는 주 7일 근무였다.

가게에 도착하면 먼저 문을 열고 들어가 오픈 준비를 시작한다. 먼저 포스 컴퓨터를 켜고, 계산대 앞에 있는 의자에 놓인 전기장판도 함께 켠다. 낡은 컴퓨터가 부팅되는 동안 사무실에서 영업 준비금과 수금할 돈을 챙겨서 빠르게 여러 대의 냉장고 불을 하나씩 켜고, 냉장고 블라인드를 올리고는 계산대로 돌아온다. 마지막으로 포스기를 세팅하고 돈을 정리한 뒤, 가게 밖에 놓아야 할 과자와 두루마리 휴지 묶음을 진열한다. 그러고는 매장으로 들어와 유통기한이 지난 상품을 꼼꼼히 확인하며 폐기 처리한다. 그 후, 매장 전체를 청소기로 돌린 후 밀대로 바닥을 닦고, 곳곳에 먼지를 찾아다니며 걸레질했다.

한 손님이 매장이 늘 깔끔하다고 칭찬을 해주신 적이 있다. 나는 청소를 좋아한다. 그 순간만큼은 복잡한 내 머릿속이 정리되고 평온해지는 기분이 들기 때문이다. 오전에는 혼자 근무를 하기에 청소하다가 갑자기 손님이 오면 계산하고 다시 청소를 이어간다. 그렇게 모든 청소 3종 세트가 끝나면 추운 날씨에도 머리와 등에는 땀이 흥건하다.

다음은 땀 식히는 시간, 담배 채우기.

담배를 피우는 것보다 진열대에 담배를 채우는 이 시간이 어지러운 생각을 묘하게 연기처럼 사라지게 한다. 단골들의 담배는 이제 굳이 얘기하지 않아도 알아서 주고, 포인트 적립 번호도 외워서 먼저 눌러드리면 손님들은 신기하다는 듯 웃으신다. 처음에 들어왔을 때 포스기 버튼 하나 누르는 것도 벌벌 떨면서 계속 실수하고, 교육받는 도중 그만두고 싶은 마음이 들었던 게 엊그제 같은데 이제는 눈을 감고도 할 수 있을 정도가 됐다. 이 외에도 몇천 가지의 상품이 가득한 진열대를 오르락내리락하며 일일이 얼마 남지 않은 상품의 유통기한을 담배 포장지에 빼곡하게 기록하고, 비어있는 술 냉장고도 매일 열심히 채운다.

2019년 여름, 새로운 소속사와 운 좋게 계약했다. 큰 기대를 품고 새로운 회사와 함께 가수로서 조금 더 성장할 수 있는 기회를 잡았다고 생각했다. 그러나 얼마 지나지 않아 예기치 못한 코로나라는 신종 바이러스가 세상에 퍼졌고, 나의 앨범 계획은 자연스레 미뤄졌다.

세상 모든 게 셧다운됐다. 어쩔 수 없는 상황이었지만 그 시간이 길어질수록 내 삶은 점점 불안정해졌다.

어릴 적엔 TV에서 무명 가수나 배우들이 오랜 기간 정산이 되지 않아 생계를 위해 아르바이트를 하거나 부모님께 용돈을 받는다는 내용을 보며 의아했었는데, 직접 경험해보니 그때는 몰랐던 것들이 보였다.

방송 덕분에 나를 알게 된 사람들은 늘었지만, 정작 멈춘 시간 속에서 나는 아무것도 할 수 없었고, 서서히 잊혀갔다.

내가 설 무대는 없었다. 방송 소식을 모두 아는 친척들이나 주변 지인들이 간혹 안부를 물으면, 코로나로 인해 일이 없다고 애써 대답했지만, 사실 코로나 이전이나 이후나 나에게는 별반 다를 게 없었다.

모르는 누군가를 만났을 때, '무슨 일을 하세요?'라는 질문을 받을 때가 제일 당황스럽고 싫었다. 차마 가수라고 말하기엔 현실과 보이는 것 사이의 괴리감이 너무나 컸다.

어느 늦은 밤, 엄마와의 전화를 끊고 한참 생각에 잠겼다. 그냥 다 정리하고 구미로 내려오라는 엄마의 말에 이제는 솔직히 정말 그래야 할 것 같은 마음도 들었다. 하루하루 시간을 삼켜가며 버티면 나아질 거라 믿었는데, 점점 작아지는 나의 모습을 보며 무엇을 붙잡고 매달려있어야 할지 모르겠다.

나는 하루도 빠짐없이 1년 365일 마트에 출근하며 오늘이 무슨 요일인지도 모른 채 하루를 시작했다. SNS 속 누군가는 마이크를 잡고 무대 위에서 노래를 부르며 웃고 있지만, 나는 바코드 기계를 잡고 하염없이 바코드만 찍고 있었다.

그렇게 새로운 소속사에 소속되어 있던 기간 중 2년 3개월 동안 나는 마트에서 캐셔로 살아갔다.

코로나가 조금 완화되고 난 후, 회사와 총 3번의 앨범을 발매했다.

어느 날, 앨범 발매와 함께 공개될 라이브 클립 촬영으로 인해 오전 근무가 끝나는 시간에 맞춰 이사님께서 마트 앞으로 나를 태우러 오셨다. 출근 때 미리 집에서 챙겨왔던, 촬영 때 입을 옷을 뒷좌석에 싣고 메이크업 샵으로 이동했다.

서로 안부 인사만 나누고, 나는 차 안에서 아무 말 없이 멍하니 창밖만 바라보았다.

메이크업과 헤어가 끝나고 거울 속 내 모습을 멍하니 보다가 마트 캐셔의 내가 떠올랐다. 현실과 꿈 사이의 거리감이 갑자기 더 크게 느껴졌다.

마트라는 현실에서 잠깐 뛰쳐나와 카메라 앞에서 모든 감정을 쏟아 노래 부르는 나를 마주할 때마다 때로는 재미있게 느껴지기도 했지만, 항상 슬픔은 공존했다.

'언젠가는 여기를 떠나겠지….'

매일 바코드를 찍으면서 머릿속으로 달력도 함께 넘겼다.

언제까지 여기서 일해야 할까, 하는 생각에 쓸쓸함이 밀려왔다.

반복되는 일상에서 자꾸 부정적인 생각이 들었고, 마트에서 일하는 게 힘들어서가 아니라 '앞으로 내가 좋아하는 노래를 계속할 수 있을까?' 하는 의문 속에서 혼란도 깊어졌다.

그렇게 오전 근무를 끝내고 집으로 돌아오면, 나는 습관처럼 점심으로 컵라면과 맥주 한 캔을 사서 매일 마셨다. 복잡한 생각들을 잠시나마 맥주 한 캔으로 잠재우고 싶었다.

그러나 깊게 곪아버린 내 마음은 여전했다.

노래하던 내 모습도, 노래에 대한 내 마음도 점점 흐려져만 갔다.

내일이 되면 또 아무렇지 않게 바코드를 찍고 성실하게 일할 나였지만, 가수로서의 내가 사라지는 기분이 드는 건 어쩔 수 없었다.

어린 시절, 하늘색 꿈을 꾸던 그 아이는 어디로 간 걸까.

**아빠의 캠코더**

"가요톱10! 네, 나오자마자 무섭게 올라옵니다.

무서운 아이들 '아이돌'의 '환상 체험'… 아니 벌써 17위?"

한 방송사의 대중음악 순위 프로그램이었던 '가요톱10'이 시작하기 10분 전, 동생과 나는 텔레비전을 미리 틀어 놓고 광고가 나오는 사이 이리 갔다 저리 갔다 아주 분주한 모습이다. 음악 방송이 시작됨과 동시에 우리는 출연하는 모든 가수의 무대에 함께 오를 예정이기 때문이다.

유치원 운동회 때 썼던 초록색 헤어밴드와 분홍색 팔

목 밴드를 착용하고, 신발장 옆에 걸려 있던 효자손 핸드 마이크를 손에 들면, 무대 준비는 거의 완료된 셈이다.

동생은 내가 꾸민 모습을 보고는 곧장 빨간색 헤어밴드와 노란색 팔목 밴드를 찾아왔다. 나는 동생 머리에 밴드를 씌워주고, 화장대 서랍을 열어 엄마의 머리띠 두 개를 꺼냈다. 동생과 나는 머리띠를 하나씩 손에 쥔 채, 한쪽 끝은 귀 뒤에 걸고 다른 쪽은 입에 가까이 오게 고정했다. 어느새 그럴싸한 댄스 가수의 핀 마이크가 완성되었다.

처음 해본 게 아닌 듯, 마치 오래된 무대 위 가수들처럼 자연스러웠다.

동생은 마지막으로 자신의 베개를 기타처럼 손에 들고 섰다.

아무도 보지 않는 작은 무대 위에서 우리만의 퍼포먼스가 시작되었다.

동생과 나는 방송이 시작되자마자 출연하는 모든 가수의 노래에 맞춰 매트리스와 침대 프레임을 넘나들며 무대를 장악했다. 우리의 유일한 무대는 안방에 자리하고 있는 침대였다.

아빠는 근무를 마치고 집에 돌아와 옷도 갈아입지 않은 채 침대에 엎드려 있었다. 아무것도 모르는 어린 두 남매에게 피곤한 아빠의 꿀맛 같은 휴식은 안중에도 없었고, 우리는 노래와 춤에 완전히 심취해 있었다.

안방 매트리스 위에서 날뛰던 우리만의 무대, 전축에서 흘러나오는 노래에 맞춰 춤추고 립싱크하는 모습을 담은 90년대 4분할 뮤직비디오, 어린 시절부터 청소년기까지 참가했던 여러 가요제 무대, 동생이 동요를 치기 시작한 날부터 쇼팽을 연주하게 되기까지의 연주회, 중학교 댄스팀 축제 무대 등 늘 함께하고 있는 우리 가족의 화목한 모습까지. 내가 기억하지 못하는 시간부터 모든 일상이 특별한 추억으로 남을 수 있었던 건, 순전히 아빠의 캠코더 덕분이었다. 고모가 쓰지 않던 캠코더가 아빠의 보물이 된 그날부터, 우리의 어린 시절은 언제든 꺼내볼 수 있는 작은 시간 캡슐 속에 고스란히 담겼다.

8mm 작은 테이프 속에는 단 한 순간도 음악과 떨어져 있던 적이 없었던 나의 모습이 담겨있다. 그 안에서 존재

하는 어린 나는 그저 노래 하나만으로도 행복해했고, 자신감이 가득했다. 노래는 내 삶에서 행복 그 자체였다.

하지만 시간이 흐르고 현실을 마주할 때마다 노래에 대한 내 행복은 점점 사라져가는 기분이 든다.

노래를 선택한 후로 삶은 점점 더 무거워지고, 내 안에 있었던 순수한 열정도 점차 식어가고 있었다. 그런 마음이 들어도 여전히 음악을 포기할 수 없는 나.

초심으로 돌아가고 싶은 생각이 들 때면 어김없이 캠코더 속의 나를 꺼내어 스스로 다독였다. 노래에 진심인 듯 진지한 표정, 그리고 한껏 즐거워하던 어린 시절의 내 모습을 멍하니 바라보고 있노라면, 한참 웃음이 나다가도 어느 순간 왈칵 눈물이 쏟아졌다.

그 시절의 나.

그때, 나는 노래에 대한 어떤 마음이었을까?
노래가 나에게 주었던 의미는 무엇이었을까?
노래를 부를 때 느꼈던 행복과 충만한 자신감은 어떤

감정이었을까?

 서른이 넘은 지금도, 나는 여전히 노래라는 고리에서 벗어나지 못하고 있다. 어쩌면 나는 캠코더 속 어린 내 모습에서 느껴졌던 그 순수함과 진심을 찾아 남은 평생을 노래하며 살아가고 싶은 건지도 모르겠다.

## 야시장 무대의 남매

구미의 한 동네 공원에서 야시장이 열린다는 소식에 부모님은 우리를 데리고 구경을 갔다. 여러 먹거리와 사람들의 이목을 집중시키는 작은 무대도 있었다. 알록달록 칠갑한 얼굴에 누더기를 입은 한 아저씨가 불이 붙어 있는 막대로 저글링을 하면서 묘기를 부리고, 그에 맞춰 악단들이 아저씨 뒤에서 화려한 연주를 선보였다.

연주가 끝나자, 오버핏 정장 차림의 키가 큰 MC가 무대로 올라왔다.

"단돈 오천 원! 오천 원만 내면 무대에 설 수 있는 기회가 주어집니다!"

스피커를 통해 크게 울려 퍼지는 MC의 홍보에도 불

구하고 무대보다 먹거리에 빠져서 먹기 바쁜 사람들은 그다지 관심을 보이지 않았다.

엄마는 갑자기 아빠에게 오천 원을 달라고 했다.

"여보, 애들 저기 무대에 올리자!"

"뭔 소리고? 됐다마! 애들이 노래를 워낙 좋아하니 집에서 대충 부르고 뛰어노는 기지. 무대에 한 번도 올라간 적도 없는데 올라가서 뭘 한다꼬? 괜히 돈 주고 망신만 당한다."

아빠는 한쪽 입을 씰룩거리며 극구 반대를 했다.

하지만 엄마의 생각은 아빠와 달랐다.

"참네, 망신 같은 소리는 무슨. 요즘은 돈 주고 웅변학원도 일부러 댕기는데… 오히려 애들 담력 키우는데 그것보다 훨씬 도움 될 끼다."

그러면서 엄마는 양쪽에 동생과 내 손을 잡았다. 그렇게 우리는 영문도 모른 채 엄마의 손에 이끌려 무대 옆까지 가게 되었다.

엄마는 MC를 부르더니 오천 원을 건네며 S.E.S의 'I'm Your Girl' 반주를 틀어달라고 요청했다.

MC는 어린 우리 남매를 빤히 쳐다보며 모호한 표정

을 짓더니, 결국 우리 손을 붙잡고 무대 계단으로 올라갔다. MC는 무대 중앙으로 자리 위치를 잡아주고는 우리 손에 마이크 하나씩을 쥐여주었다.

반주가 흘러나왔다. 동생은 마이크를 두 손에 꼭 쥐고 잔뜩 굳은 표정으로 흘러나오는 반주에 맞춰 바른 자세로 고개만 끄덕이고 있었고, 나는 이리저리 눈치를 살피며 약간의 발 스텝과 소극적으로 몸을 흔들기 시작했다.

"왜 내게 말을 못 해. 이미 지나간⋯."

뚝.
내가 첫 소절을 부르는 순간, 갑자기 반주가 꺼져버렸다. 하필 인생 첫 무대에 음향 사고라니! 나는 몹시 당황했다.
갑작스러운 음향 사고에 한참 동안 정적이 흘렀다.
"자, 연습 무대! 여러분, 박수 한 번 주이소."
MC가 무대 위로 올라와 상황을 수습했다.
다시 반주가 시작되고, 나는 잔뜩 긴장한 채로 노래를

불렀다. 다행히 이번엔 사고 없이 잘 넘어갔다. 나는 자연스레 다음 파트를 동생에게 넘겼다. 마치 우리가 미리 맞춘 것처럼. 동생은 아주 흔들림 없는 목소리와 정확한 음정으로 노래를 이어갔다.

이전까지 무심하던 사람들이 반응하기 시작했고, 호응 소리가 점점 무대 위로 들려왔다. 기분이 좋아진 나는, 눈빛으로 끼를 부리며 노래의 안무도 함께 소화하며 후렴구를 더 쩌렁쩌렁 부르기 시작했다.

노래가 끝나고 무대에서 내려왔다. 우리가 아무것도 할 수 없을 거라 호언장담했던 아빠는 적잖이 놀란 얼굴이었다. 아빠는 함박웃음을 지으며 우리보다 더 즐거워하셨다.

무대 스피커를 통해 흘러나오던 나의 목소리, 사람들의 박수와 환호, 나를 빛나게 해주던 조명, 어느새 뿌듯하게 우리를 바라보던 부모님, 방구석을 벗어나 엄마 손에 이끌려 얼떨결에 서게 된 무대. 모든 것이 낯설었지만, 처음으로 내가 특별해진 기분을 느꼈다.

그때의 나는, 고작 일곱 살이었다.

## 하늘색 꿈

1998년 5월 봄, 구미 금오산 야외 영화제의 시작을 알리는 축사가 울려 퍼졌다.

"(…) 이렇게 아름다운 저녁 시간에 구미 LG 전자와 교차로가 주최하는 야외 영화제를 열게 되어서 대단히 기쁘고 영광스럽게 생각합니다."

교차로 신문사 지점장님의 축사가 끝나자, 웅장한 음악과 함께 금오산 야외 영화제 행사가 본격적으로 시작되었다.

금오산은 높이 976m로 구미에서 가장 유명한 산 중 하나다.

등산객과 관광객이 많은 곳이다 보니 널찍한 주차장이 마련되어 있었는데, 그곳에서 야외 영화제를 위한 넓은 야외무대가 생겼다. 무대 옆에 세로로 길게 걸린 현수막에는 양일간 진행하는 행사 일정이 안내되어 있었으며, 영화제 상영 전 오후 6시에 '즉석 장기자랑' 코너가 예정되어 있었다.

따뜻한 봄날, 주차장은 야외에서 커다란 스크린으로 영화를 보기 위해 돗자리를 펴고 옹기종기 앉은 사람들로 이미 빼곡히 들어차 있었다.

늦게 도착한 우리 가족은 빈자리를 겨우 찾아 자리를 잡았다. 스크린과는 조금 떨어진 자리였지만 우리는 마냥 신나 있었다.

엄마는 돗자리 위에 짐을 풀고 간식을 챙겨준 뒤 화장실에 다녀오겠다고 했다. 그런데 잠시 후 돌아온 엄마는 뜻밖의 이야기를 꺼냈다. 우리의 의사와는 상관없이, 선착순으로 모집 중이던 즉석 장기자랑에 신청하고 왔다는 것이다.

지난번 야시장에서처럼, 우리는 당황할 틈도 없이 엄

마 손에 이끌려 어느새 무대 옆에 서 있었다. 그곳엔 장기자랑에 참여하려는 사람들이 순서대로 줄을 서 있었다.

나는 동생 손을 꼭 잡은 채 어른들 틈 사이에서 마냥 신난 표정으로 아빠가 들고 있는 캠코더를 향해 손을 흔들었다.

"정녕 그대는! (…) 모나리자.",
"인생은 정말로 팍팍해. (…)",
"헤이 거기! (…)"

줄 서 있던 어른들은 차례대로 무대에 올라 노래를 부르고 내려왔다. 이제 우리 앞에는 한 사람밖에 없었다.

우리 앞에 있던 선글라스를 낀 젊은 남자가 무대로 올라갔다. 그는 미리 준비해 온 눈 스프레이로 퍼포먼스를 하며 박진영의 '허니'를 불렀다. 퍼포먼스 때문인지 지금까지 무대 중 가장 높은 호응을 받았다. 사람들이 크게 웃으며 환호하기 시작하자, 나는 무대 밑에서 살짝 긴장했다.

이제 우리 무대였다.

"네, 다음은 최효인, 최형록 무대로 올라와 주세요."

드디어 사회자가 우리 남매를 호명했다.

이름이 호명되는 걸 듣자마자 나는 동생 손을 꼭 잡고 무대 계단으로 뛰어 올라갔다. 소개하기도 전인데, 제일 어린 참가자의 모습에 관객들이 술렁대기 시작했다.

"노래는 누가 하나요?"

처음 무대에 선 어린 참가자가 낯설었는지, MC는 잠시 당황한 표정으로 물었다.

내가 "둘이 같이요."라고 대답하자, MC는 무대 옆에 있는 엄마를 향해 "여기는 매니저예요?"라며 농담을 던졌다. MC가 우리에게 "안녕하세요? 해 봐요."라고 시키자, 동생은 서툰 발음으로 "안녀아세어?"라고 인사했다.

MC가 "얘 발음이 안 좋은데 노래 되겠나?"라며 능청스럽게 물었다.

"얘 노래 잘해서 탈이에요!" 내가 당차게 맞받았다.

MC는 웃으며 우리가 부를 노래, '하늘색 꿈'을 소개했다. 선곡에 놀란 사람들의 반응 속에, 반주가 흐르기 시작했다.

반주가 시작되자 MC는 동생과 나에게 마이크를 건네주었고, 나는 첫 소절을 불렀다.

"아침 햇살에 놀란…"

정확한 음정과 허스키한 보이스, 인상을 잔뜩 쓴 채 그 누구보다 진지한 표정.

내가 노래를 시작하자마자 그곳에 앉아있던 사람들이 다들 놀랐다. 어린아이들이 올라와서 그냥 장난식으로 하고 내려갈 줄로만 생각했던 객석의 사람들이 서로 마주 보고 손뼉을 치며 난리가 났다. 우리 앞의 '허니 아저씨'보다 폭발적인 반응에 신난 나는, 몸도 음악에 맡긴 채 알 수 없는 파워풀한 제스처를 취하며 노래와 랩을 했다.

2절로 넘어가려고 하자, MC는 저 멀리 음향 팀에게 반주를 끊으라는 손동작을 취했다. 메인 행사인 영화 상영 일정으로 인해 모든 참가자가 1절까지만 불러야 했기 때문이었다.

내 우렁찬 목소리에 파묻혀 1절까지 거의 들리지 않던 동생의 목소리는 2절이 시작되면서 힘껏 울려 퍼졌다.

처음 듣는 동생 목소리에 관객의 호응이 높아지자, MC는 급하게 양손을 휘감으며 계속 진행하라는 사인을 했다.

그렇게 참가자 중 우리만 완곡을 하고, 앙코르까지 부르게 되었다.

노래가 끝나자, 사회자는 우리를 바라보며 90도 인사하며 말했다.

"선배님, 몰라봬서 죄송합니다."

즉석 장기자랑임에도 불구하고 전국 노래자랑처럼 상과 상품이 준비되어 있었다. 모든 참가자가 무대 위로 올라갔다. 인기상, 장려상, 은상, 금상, 대상까지 총 다섯 개의 상이 준비되어 있었다.

동생과 내가 어리둥절한 상태로 무대에서 장난을 치던 중에 시상이 시작됐다. MC는 인기상을 시작으로 장려상까지 호명했지만, 우리의 이름은 불리지 않았다.

엄마는 호응이 가장 좋았던 우리가 인기상을 받을 거라고 조금 예상했는데, 이름이 불리지 않아서 조금은 아쉬운 표정이었다.

이제 남은 상은 은상, 금상, 대상, 단 세 개였다. 사회자는 은상과 금상 수상자를 차례로 호명했다.

이번에도 우리는 아니었다. 마지막 대상 하나만 남겨두고 우리 남매를 비롯하여 상을 받지 못한 참가자들이 무대에 남아 있었다.

MC가 한참 동안 뜸을 들이더니 대상 수상자를 호명했다.

"대상 수상자는 '하늘색 꿈'을 부른 최효인, 최형록 어린이! 대상 상품은 LG 20인치 컬러 TV!"

화면이 연신 위아래로 흔들렸다. 그날, 아빠의 감정은 캠코더와 함께 요동쳤다. 무대 옆에 있던 엄마도 제자리에서 방방 뛰며 좋아했다.

모두가 우리를 향해 박수를 보내주고, 무대 위에 있던 다른 참가자들도 다가와 축하해주었다. '대상'이 정확히 어떤 의미인지 몰랐던 우리는, 무대 위에 그냥 멀뚱히 서서 주위만 두리번거리고 있었다.

MC가 우리에게 다가와서 "오늘 너희가 1등이다!"라고 말해주었다. 그제야 우리도 무대 위에서 방방 뛰며 좋아했다.

그렇게 우리는 엉겁결에 오른 두 번째 무대에서 뜻밖에도 가장 큰 상을 받았다.

이후, 그 무대를 좋게 보신 LG 관계자의 초청으로 LG전자에서 열리는 근로자 행사의 초대 무대에도 설 수 있었다.

내게는 그저 일상이었던 노래가 작은 무대를 시작으로 어느새 큰 무대의 대상까지 이어진 것이다.

좋아서 부른 노래였을 뿐인데, 무대 위로 쏟아지던 박수와 환호는 나를 정말 벅차게 만들었다. 그날 이후로, 나는 무대를 더 갈망하게 되었다. 가수가 되고 싶은 나의 꿈은 여러 가요제에 도전하면서 점점 더 선명해지기 시작했다.

## 화이트 스카이

 동생은 내가 다니던 피아노 학원을 자주 따라왔다. 집에서 내가 피아노 연습을 하고 있으면 갑자기 옆에 앉아서 내가 치는 건반을 따라 누르는 걸 좋아했다. 정작 배우고 있는 나보다 피아노에 더 관심이 많아 보였다.

 어느 날, 학원 선생님은 엄마에게 연락해서 동생이 재능이 있는 것 같다며 피아노 학원에 등록시키는 게 어떠냐고 권유했다. 그렇게 동생은 나와 같이 피아노 학원에 다니게 되었다.

 동생은 학원을 등록한 후 얼마 지나지 않아 악보를 읽는 속도가 빨라서 먼저 배운 나보다 진도가 더 빨리 나갔다.

선생님은 수업 때마다 내가 악보를 읽는 게 너무 느려서 답답하다며 화를 자주 냈다.

그러던 어느 날, 피아노 학원 원장님은 답답한 나머지 내가 쓰던 안경이 휘어서 바닥에 떨어질 정도로 나의 뺨을 세게 때렸다. 그 사건을 계기로 나는 피아노 학원을 그만두었다. 그때의 충격으로 나는 피아노와 멀어지게 되었다. 반대로 동생의 실력은 빠르게 성장했다. 집에서 동요 모음집 악보를 펼쳐놓고, 항상 내가 피아노를 치면 동생은 옆에서 노래를 부르곤 했었는데, 어느샌가 서로의 포지션이 바뀌어버렸다. 그때부터 동생이 피아노를 치면, 나는 그 옆에서 항상 노래를 부르곤 했다. 그렇게 매일 동생과 놀면서 문득 나는 텔레비전에 나오는 아이돌 가수들처럼 팀을 만들고 싶었고, 우리만의 노래를 부르고 싶다는 생각이 들었다.

"야, 최형록. 너는 스카이, 나는 화이트. 내가 누나니까 내가 앞에…."

그렇게 해서 2000년도에 결성된 팀 이름은 '화이트 스카이'였다.

별다른 의미는 없었던 것 같다. 동생은 하늘색을 좋아해서 스카이, 그 당시에 나는 하얀색을 좋아했기 때문인 것 같다.

팀 이름은 정해졌지만, 정작 우리만의 노래는 없었다.

그러던 어느 날, 내가 팀을 위해 처음으로 노래를 만들었다. 작사, 작곡의 개념도 모른 채 그냥 흥얼거리며 생각했던 멜로디와 가사로 만든 '미래'라는 곡이었다. '미래'라는 제목에 무슨 의미를 담고 싶었던 건지, 그때의 마음은 알 수는 없다. 밀레니엄 시대를 앞두고 있었던 만큼, 나름 시대를 반영한 제목이 아니었을까. 뭔가 희망의 메시지를 담고 싶었었는지도 모른다. 고학년으로 가기 싫은 초등학생의 현실이 고달파서 우주로 도피하고 싶은 것 같기도 하고….

지금에 와서 가사를 다시 읽어보면 대체 내가 뭘 보고 영감을 받은 건지, 어떠한 내용을 전달하고 싶은 건지 전혀 해석되지 않는 오묘한 가사다.

엄마가 사 주셨던 과목 노트에 가사를 마구 써 내려가며 내가 부르고 싶은 대로 멜로디 메이킹을 했다. 가사 옆에 알파벳으로 화이트의 W, 스카이의 S로 표기를 하며 파트 분배도 끝냈다.

작사, 작곡에 대한 지식이 없는 초등학생이었던 나는, 그냥 아무런 걱정과 고민도 없이 한 번에 곡을 완성했다. 그 후 노트의 맨 뒷장 시간표를 기록하는 표 상단에 '화이트 스카이'를 영어로 크게 적고, 앨범 트랙 리스트와 3사 방송 출연 일정, 그 당시 인기 프로그램이었던 게릴라 콘서트 계획까지 자연스럽게 써 내려갔다. 내가 적었던 가사를 보면서 기억했던 멜로디와 함께 불러주면, 동생은 그 멜로디를 듣고 바로 코드를 붙여서 피아노 반주를 했다.

반주까지 더해지니 드디어 우리만의 곡이 탄생한 기분이 들었다. 나는 흡족했다.

그러다 갑자기 다른 가수의 노래를 카세트테이프로 듣는 것처럼 내가 만든 곡을 녹음해서 들을 수 있으면 얼마나 좋을까, 하는 생각이 들었다.

지금은 홈 레코딩으로도 충분히 앨범을 낼 수 있는 시

대가 되었지만, 그때의 우리는 너무 어렸기에 아마 그런 게 있다 고해도 몰랐을 것이다.

 나는 우리의 노래를 꼭 남겨야겠다는 생각으로 녹음할 수 있는 장비를 찾아 집 안 곳곳을 뒤지다가 카세트 공테이프와 노란 소형 카세트 플레이어를 발견했다. 카세트 플레이어를 만지작거리다 여러 버튼 중 제일 끝에 있는 녹음 버튼이 눈에 띄었다. 공테이프를 넣고 녹음 버튼을 눌렀다.

 "아-아 안녕하세요."
 내 목소리가 그대로 녹음되었다.
 "야! 최형록, 된다!"

 나는 잔뜩 신이 나서 녹음을 위한 준비를 빠르게 이어갔다. 가사가 적혀있는 노트, 학교 수업 시간 때 준비물로 썼던 악기들과 카세트 플레이어를 들고 피아노가 있는 방으로 갔다.

녹음 버튼을 눌렀다. 동생의 피아노 연주가 시작되자, 나는 피아노 박자에 맞게 트라이앵글을 치며 소고와 탬버린까지 흔들었다. 첫 소절은 나의 랩 파트였다.

'나는 이 미래를 다 지키고 말 테야.'

그리고 동생의 노래 파트가 시작되었다.

'그렇지만 너는 해낼 수 있어.'

우리의 어설픈 연주와 어린 목소리가 더해진 노래는 비어 있는 카세트테이프 속에 그대로 녹음이 되었다. 그렇게 '화이트 스카이'의 데뷔곡 '미래'를 남기게 되었다.

**미래**

나는 이 미래를 다 지키고 말 테야
이 우주를, 이 미래를 다 지키고 말 테야

나는 이 미래를 다 만들고 말 테야
하지만 네 앞에 있는 모든 걸
나는 너를 절대로 포기하지 않아

그렇지만 너는 해낼 수 있어
그 시간 속에 감춰진 너의 모습을

너와 함께 떠나고 싶지만
그 미래와 우주 세계 너무 행복해
그 미래를~
예예예 예예예 우우~

**Future**

강요하지 마, 이젠 더 이상 내가 더 힘겨울 뿐이야
아직도 험한 세상에 갇혀있을 뿐야
다 필요 없어 너의 숨결 하나도 내겐 하얀 먼지뿐인 걸
널 사랑한 내가 바보였어

**허락한 존재**

그렇게 시작된 너만의 오해들
내 머릿속을 맴돌아

나 널 아직 생각하나 봐 나도 모른 채

그렇게 버려진 너와의 사진들

나도 모르게 다시 줍는 걸

나 자신을 모르겠어 널 찾아 너에게로

널 다시 가지려는 나의 마음을

이제야 내가 알게 되었어

너도 날 생각하는지 나는 잘 모르니까

널 내가 얼마나 애타게 기다렸는지 넌 몰라

내 마음이 허락하나 봐 나는 잘 모르겠어

'미래'를 완성한 후에 나는 다른 곡을 만들고 싶은 욕심이 커졌다.

그 시절, 동생도 곡을 만들기 시작하면서 주옥같은 노래도 점점 늘어났다.

그렇게 우리만 아는 '화이트 스카이'의 노래는 무수히 많아졌다.

내가 만들었던 노래 중 지금까지도 선명하게 기억나는 제목과 가사. 'Future', 'Terror', '허락한 존재'.

그 어린 나이에 노래를 만들고, 어떻게 녹음하겠다는

생각까지 했을까.

돌이켜보면, 나는 좋아하는 것에 정말 미쳐있었던 것 같다. 노트에 꾹꾹 눌러쓴 가사처럼 노래에 대한 진심이 가득했다.

거창한 장비나 정해진 틀도 없었다. 아무도 우리를 알아주지도 않았지만, 괜찮았다. 그런 것들은 나에게 중요하지 않았고 관심도 없었다.

나의 그런 감정이 얼마나 순수했는지, 오랜 시간이 지난 지금에서야 더 소중하고 그립게 느껴진다. 지금도 우리는 그 시절을 회상하며 웃고, 그때 만든 곡을 함께 부르곤 한다. 그럴 때면 다시 어릴 적 모습으로 돌아가는 기분이 든다.

우리의 추억이자, 꿈이 깃든 이름 '화이트 스카이'.
우리에게 잊히지 않는 이름이고, 현재 진행형이다.

## 성시경을 닮았던 아이

 지금 생각해 보면, 중학생이었던 나는 내 또래 아이들과 다르게 화려한 시절을 보냈다. 하지만 오히려 그게 나를 더 외롭게 만들었던 것 같다.

 나는 구미시 황상동이라는 동네에서 초등학교를 다녔다. 내가 6학년이 되던 해, 차로 약 20분 정도 거리에 있는 옥계동으로 이사를 했다. 거리가 멀었지만, 졸업까지 1년 밖에 남지 않았기에 기존에 다니던 학교에 그대로 다녔다. 그러다 보니 중학교에 입학했을 땐, 옥계동에 사는 아이들이 대부분이라 아는 친구가 단 한 명도 없었다. 소심한 성격이라 더 두려웠고, 입학식이 다가올수록 내 마음은 더 무거워졌다.

입학식 날이 되었다. 나는 까만 뿔테 안경에 남색 떡볶이 코트를 입고 학교에 갔다.

강당에는 선배들과 신입생들로 꽉 차 있었다. 선배들이 신입생을 구경하는 눈빛이 마치 먹잇감을 찾듯, 뭔가 잔인해 보였다.

반 배정을 받고 누구의 눈도 마주치지 않은 채, 나는 말 한마디 없이 조용히 맨 뒷자리에 앉아 있었다.

그때 누군가 신입생 중에 가수 성시경을 닮은 사람이 있다고 했고, 그 말은 교실 밖으로 퍼졌다. 갑자기 다른 반 학생들을 비롯한 선배들까지 우리 반으로 몰려들었다.

그 '성시경'은 바로 나였다.

갑작스럽게 벌어진 일에 너무 당황스러웠다. 학교에 방문한 아이돌을 구경나온 것처럼 복도에도 학생들이 가득 찼고, 다들 2G 핸드폰을 꺼내 들고 옆으로 와서 같이 셀카를 찍기 시작했다.

그날을 시작으로, 나는 입학하자마자 가수 성시경을 닮은 외모로 학교에서 단숨에 유명해졌고, 나에게 말을 거는 친구들도 많아졌다. 선생님들조차 나를 내 본명이 아닌 '성시경'이라고 불렀다.

예상치 못한 일을 계기로 소심한 성격에 두려워하던 모습의 나는 온데간데없고, 어느새 나는 인싸로 중학교 1학년을 지냈다.

나는 2학년이 되어서도 새로운 반을 만나는 게 설레었다. 같은 반 친구들 대부분이 나와 친해지고 싶어 했고, 나도 어느 순간부터 그런 분위기를 즐기게 되었다.

먼저 나서는 성격이 절대 아니었지만, 친구들에게 주목받는 상황 속에서 자연스레 학급 임원 타이틀도 얻게 되었다. 나는 두려울 게 없었고, 반에서 누구보다 자유롭게 지냈다.

학교 축제를 앞두고, 각 반 대표로 장기자랑을 준비하게 되었다. 나는 노래도 좋아했지만, 댄스곡에 맞춰 춤추는 것도 좋아했다. 나의 주도로 반에서 6명의 남녀 혼성 댄스팀을 결성했고, 그 시절 대세 아이돌이었던 동방신기의 'The Way U Are'라는 곡으로 축제 무대에 올랐다. 무대 이후, 학교에서 나의 인기는 선배뿐 아니라 후배들까지 점령했다.

내가 등교할 때면, 후배들은 교문이 보이는 창문으로 몰려서 나를 구경했고, 급식 시간이 되면 그곳에 있는 모든 후배가 뒤를 돌아서 내가 급식실로 들어오는 문을 다 쳐다볼 정도였다. 생일에는 집이 코 앞임에도 불구하고, 엄마가 차를 끌고 와서 내가 받은 선물을 싣고 간 적도 있었다.

그렇게 학교에서 스타로 불리며, 나는 겉멋과 어깨에 잔뜩 힘이 들어간 채로 3학년이 되었다. 나는 마치 내가 연예인이 된 것 같은 기분을 느꼈다. 등하교 때, 급식실로 들어설 때, 밥을 먹을 때, 화장실을 갈 때… 나의 걸음이나 행동은 어딜 가든 주변을 과하게 의식하면서 부자연스럽게 다녔다.

모두에게 인기를 얻으며 지냈지만, 나는 점점 우울해졌다. 나를 질투하고 시기하는 무리가 생겼기 때문이었다. 나는 같은 반에서 기세가 조금 있는 몇몇 여자 무리에게 은근하게 따돌림을 당했다. 생각지도 못한 상황을 겪으면서 심적으로 더 외로워졌다.

나는 수업이 끝나고 쉬는 시간만 기다렸다. 종이 울리

면 주머니 속 MP3를 꺼내 책상에 엎드려서 음악을 크게 들었다. 그때 내가 기댈 수 있는 건 오직 노래뿐이었다.

그러던 어느 날, LG전자에서 주최하는 '구미 LG 드림 페스티벌' 가요제 소식을 듣게 되었다. LG 드림 페스티벌은 구미에서 하는 축제 중에 가장 규모가 크고 현재까지도 이어져 내려올 만큼 역사가 있는 문화 축제다. 1차, 2차 예선이 있을 만큼 본선 무대에 오르기까지 경쟁이 치열했고, 지원자가 엄청 많았다. 그렇지만 본선 무대에 오를 수 있는 사람은 단 12명이 전부였다.

사실 나는 초등학교 6학년 때도 동생과 따로 지원했었는데, 그때 동생은 최연소로 합격하여 본선에 진출했지만, 나는 1차에서 탈락한 아픈 기억이 남아 있는 가요제였다.

이번에는 꼭 붙겠다는 일념으로 예선부터 혹시 모를 본선 무대까지 미리 대비를 했다. 어쩌면 그 가요제를 통해 내 외로움의 시간을 노래에 모두 쏟아내려 했던 것인지도 모른다.

준비하는 마음 한편에는 나를 은근히 외면했던 아이들의 모습도 자리 잡고 있었다. 구미시에서 가장 큰 행사였고, 그 무대에 서게 되면 왠지 나를 인정하고 좋아하지 않을까, 하는 단순한 마음도 있었다.

나는 정말 운 좋게 1차, 2차 예선에 모두 통과하여 본선에 진출하게 되었다.

가요제가 열렸던 날, 구미시 박정희 체육관에는 만 명의 가까운 사람들이 모여있었다. 지금껏 경험했던 가요제 중에 가장 큰 무대에 오른다고 생각하니, 나는 하루 종일 심장이 쿵쾅거렸다.

나는 참가 번호 9번이었다.

"참가 번호 9번! 옥계중학교 3학년 최효인 학생이 부를 곡은 플라이 투 더 스카이의 'Missing you'."

사회자의 소개가 끝나자, 마이크를 받아 무대 위로 올라갔다.

호소력 있는 저음으로 첫 애드리브를 시작했다. 객석에 있는 사람들은 노래를 듣고 놀랐고, 나는 수많은 관중의 기세에 눌리지 않고, 마치 초대된 가수처럼 무대 양쪽을 이리저리 누비며 팬서비스도 선보였다.

노래가 끝나자, 오늘 무대 중 호응이 제일 높았던 나

에게 사회자가 다가와서 인터뷰를 길게 진행했다.

 사회자는 무대 옆 큰 스크린을 통해 내 이름이 적힌 플래카드를 모두 읊으며, 팬클럽을 동원했냐며 농담을 던졌다. 그러더니 갑자기 나에게 "여자 친구 있어요?"라고 물었다. 당황한 얼굴로 "저 여잔데요."라고 대답하자, 관중석은 순식간에 웃음바다가 되었다.

 그렇게 무대부터 인터뷰까지 스펙터클하게 끝내고 내려왔다.

 참가자 경연이 모두 끝나고, 시상식이 진행되었다.

 나는 두 손 모아 기도를 했다. 높은 상을 받고자 두 손을 모은 건 아니었지만, 어린 마음에 왠지 높은 상에 대한 욕심이 났던 건 사실이다.

 인기상, 장려상, 동상, 은상까지 수상자를 모두 호명했다. 하지만 내 이름은 아직 불리지 않았고, 남은 상은 금상과 대상뿐이었다.

 엄마가 이번에 상은 못 받을 것 같다며 웃으며 나를 다독이던 순간, 사회자가 금상 수상자를 호명했다.

 "금상! 옥계중학교 3학년 최효인!"

나는 내 이름이 불리자 깜짝 놀라서, 의자를 박차고 무대 위로 뛰어 올라갔다.

금상이 새겨진 트로피와 상금 70만 원이 내 손에 쥐어졌다.

나는 무대 아래로 내려오자마자 두 손을 모아 엉엉 울었고, 나를 은근하게 따돌렸던 친구들도 다가와 진심의 축하를 건네며 좋아했다.

그 순간 나를 외롭게 만들던 시간이 떠올랐지만, 나의 눈물과 함께 다 가라앉았다.

누구보다 진심으로 기뻐해 주었던 가족, 그리고 응원과 축하를 건넨 친구들.

그날 나는 세상을 다 가진 것처럼 행복했고, 노래로 인해 귀중한 경험을 얻었다.

그날의 내 노래는 지금도 여전히 선명한 위로로 남아 있다.

## 돌이킬 수 없는 선택

내 삶은 그저 음악이었다. 고등학생이 되어서도 여전히 축제가 되면 무대에 올라 노래를 불렀고, 가요제에서 여러 상을 받기도 했다.

입시 때가 다가오자, 선생님들도 그렇고 주변 친구들 모두 대학 진학 이야기에 초점이 맞춰지기 시작했다. 솔직히 별생각이 없었는데, 주변에 휩쓸려서 나도 슬슬 입시에 대한 압박감이 들기 시작했다. 그러나 나는 음악이 아닌 다른 분야에는 전혀 관심이 없었고, 희망하는 학과도 없었다.

'가고 싶은 학과가 없는데 그저 남들이 다 간다고 해서 나도 꼭 대학에 진학해야 하나?' 그런 생각이 문득 들었다. 다른 친구들은 내 생각과 달랐고, 부모님도 역시 그랬다. 그래서 나는 입시를 몇 개월 남기지 않은 상황에 인터넷을 억지로 뒤져가며 어떤 학과가 있는지 찾아보았다. 부모님, 선생님, 친구들은 하나같이 취업이 잘 되는 과가 제일 좋다고 얘기했다. 하지만 나는 그 말이 솔직히 와닿지 않았다.

그러던 어느 날, 어떤 대학교에 성악과가 있다는 걸 알게 되었다. 나는 엄마에게 음악 관련분야로 진학하는 것에 대한 내 생각을 진지하게 털어놓았다.

노래는 나와 뗄 수 없는 사이임을 그 누구보다 잘 알고 있는 부모님이었기에 당연한 지지를 얻을 거로 예상했다.

그러나 내 부푼 기대와는 전혀 다른 대답이 돌아왔다.

"너 음악으로 대학 가서 뭐 먹고 살래?"

엄마는 내 얘기에 딱 잘라 반대했다. 거실에서 모든 이야기를 듣고 있던 아빠도 무조건 취업이 잘 되는 학과에 들어가라며 현실적인 말을 더했다.

부모님의 얘기에 당황스럽고 서운한 표정을 차마 숨길 수가 없었다.

요즘은 대학도 개인의 선택이다. 하지만 그 당시 분위기는 나에게 의무로 느껴졌지만, 모두가 'No'라고 하는데, 'Yes'라고 할 미움받을 용기가 없었다.

나는 가수가 되는 게 꿈이었지, 사실 음악과 관련된 대학을 가는 게 나의 목표는 아니었다. 그래서 음악을 제외하고 내가 관심이 있고 하고 싶은 게 무엇일까를 고민하며 다른 학과들을 쉴 새 없이 검색하고 정보를 찾기 시작했다. 그래도 마냥 취업이 잘 된다고 해서 관심도 없는 학과는 택하고 싶지 않았다.

처음으로 내 후보에 있던 학과는 영어영문학과였다. 초등학생 때부터 음악 다음으로 영어 과목을 좋아했다. 영어 학원에 다니면서 선생님으로부터 발음이 좋다는 칭찬을 받았고, 영어 단어 외우는 것도 좋아했다. 하지만 중학교에 들어가 춤에 빠져서 공부와는 담을 쌓으면서 두 번째로 좋아하던 영어와도 멀어졌다. 고등학교 모든 시험의 영어 성적표를 머릿속에 떠올리며, 영어영문학과에 대한 마음은 접기로 했다. 완벽히 '이거다!' 하는 학과가 아무리 찾아도 나타나지 않았다.

그렇게 스트레스를 받던 어느 날, 엄마가 갑자기 내 방에 들어왔다.

"니 대여섯 살 때, 군인이나 경찰관처럼 제복 입은 사람들만 보면 쪼르르 달려가서 충성 외치고 다닌 거 기억 안 나나?"

엄마는 과거 이야기를 꺼내며 혹시 경찰이나 부사관 쪽은 어떠냐고 물었다. 엄마의 말을 곰곰이 생각해 보니, 나는 과목 중에 도덕 성적이 제일 높기도 했고, 비도덕적인 것을 무척 싫어했던 성격이라 갑자기 보이지도 않던 경찰행정학과가 눈에 들어왔다. 엄마가 꺼낸 과거 이야기에 팔랑귀가 된 나는, 단순히 경찰행정학과에 진학해 졸업 후 경찰 공무원을 준비하면 좋을 것 같다는 생각이 들었다. 부모님도 긍정적인 반응이었다. 지금 생각하면 아무런 대책도, 생각도 없는 어이없는 결정이었다.

나는 경찰행정학과가 있는 학교 여섯 군데와 법학과 한 곳까지 총 7개 대학을 수시 전형으로 지원했다. 그런데 내가 목표했던 경찰행정학과는 모두 불합격 통보를 받고, 법학과 한 군데만 덜컥 합격했다. 나는 오히려 법

과목을 집중적으로 공부하면 나중에 도움이 될 것 같아서 입학을 결정했다. 그렇게 법이라는 생소한 세계와 함께 나의 대학 시절이 시작되었다.

내가 입학한 학교는 대전에 있었다. 구미에서 통학은 어려웠기에 어쩔 수 없이 기숙사를 신청하게 되었다.

부모님 곁에 19년 동안 붙어 있다가 처음으로 혼자가 되었다. 부모님과 떨어져 지내는 게 슬프기도 했지만, 한편으로는 왠지 모를 해방감이 들었다.

첫 O.T. 수업에 필요한 책을 모두 받았다. 민법총칙, 헌법, 법학개론, 생활법률 등 온통 한자에 어려운 말들이 가득했다. 책 제목처럼 학과 생활이 너무 지루하던 어느 날, 동아리에 눈길이 갔다. 댄스 동아리와 록 동아리 중에 고민하다가 노래가 너무 하고 싶어서 록 동아리 가입을 하고, 보컬로 활동했다. 그렇게 동아리 정기 콘서트를 통해 오랜만에 무대에 서게 되었다. 스탠드 마이크를 잡자마자 그동안 법과 한자에 찌들어있던 내 안에서 불꽃이 팡팡 튀었다.

록 동아리 생활은 철저히 부모님께 비밀로 한 채 1학년 모든 학기가 끝났다. 겨울 방학이 되자 구미로 내려와서 나는 엄청난 고민 끝에 엄마에게 자퇴라는 단어를 어렵게 꺼냈다. 밝았던 집 분위기가 순식간에 어두워졌다.

내 말을 듣고 놀란 아빠가 노발대발하며 반대했다. 엄마는 화를 내기보다 자퇴 후의 내 계획에 대해 먼저 듣고 싶어 하셨다.

적성에 맞지 않는 대학에서 남아있는 3년의 시간을 도저히 이어 나갈 자신이 없었고, 이러한 마음을 가진 채로 학교에 계속 다니는 건 의미가 없을 것 같았다. 엄마, 아빠가 반대한다고 해도 나는 그 시간을 허비할 수 없다고 딱 잘라 말했다. 그리고 내가 진정으로 하고 싶은 것에 대해 조심스레 얘기를 꺼냈다.

"어떻게 해서든 지방에 있는 실용음악과에 단번에 붙을 테니 제발 허락해 줘."

내 말을 가만히 듣고 있던 엄마는, 잠시 고민을 하다가 나에게 얘기했다.

"사람 일은 어떻게 될지 모르니 자퇴를 바로 하기보다 차라리 1년 휴학계를 내고 입시를 준비해라. 그리고 한 가지 조건이 있는데, 네가 그렇게 원하는 음악을 하려면 무조건 수도권에 있는 실용음악과 중에서 가장 인지도가 있고 유명한 학교로 진학해라. 그럴 자신이 없거나 휴학 기간 1년 안에 합격 못 하면, 과감하게 포기하고 지금 학교에서 졸업해."

나는 학교로 절대 돌아가고 싶지 않았다. 조건까지 붙어 있는 엄마의 단호한 말에 나는 무조건 붙겠다고 대답은 했지만, 수도권의 실용음악과의 경쟁률을 뒤늦게 찾아본 후 내가 내뱉은 말을 순간 후회하면서 불안감이 커졌다.

## 뭐 하나 만만한 게 없다

2010년 추운 겨울, 실용음악 입시 준비를 위해 마음을 다잡고 서울로 올라왔다.

그 당시 동생은 서울예술고등학교에 재학 중이어서 종로구 근처에서 집을 얻어 생활하고 있었다. 그래서 나는 동생 집에서 지내기로 했다.

고등학교 친구들 대부분은 취업률이 높은 치기공과, 치위생과 같은 보건 계열을 희망하고 진학했다.

내가 다녔던 고등학교는 인문계여서 음악으로 대학을 가려고 하는 학생이 없었기에 그때는 실용음악과가 있는 줄도 몰랐다. 아무런 정보가 없어 그저 단순하게 생각한 나는, 실용음악과로 재수, 삼수… 심지어 육수를 한 사람들도 있다는 걸 뒤늦게 알게 되었다.

실용음악과 입시에 대한 여러 후기를 보고 이게 무슨 일인가 싶었다.

마음이 더 심란해졌다. 최근 몇 년간 수도권 실용음악과 실제 입시 결과를 하나하나 다 확인하고 나니, 이건 절대 합격할 수 없을 것 같은 생각이 들었다. 100에서 200대 1에 달하는 말도 안 되는 경쟁률을 보며, 도전하기도 전에 기세가 꺾여버린 것이다. 처참히 떨어지고 다시 법과대학으로 간다고 생각하니 끔찍했다. 나는 깊은 슬픔에 잠겼다.

휴학계를 내고 호언장담하며 내 의지로 서울까지 올라왔으니 이젠 돌아갈 수도, 어디로 물러설 곳도 없었다. 어떠한 결과를 맞이하든 부딪힐 수밖에 없었다.

모든 것이 막막했다. 내 노래 실력으로 갈 수는 있는지, 어디서부터 어떻게 준비해야 하는 건지, 도통 몰랐다. 그래서 나에게는 당장 입시에 대한 정보를 알려주고 준비할 수 있는 실용 음악학원의 도움이 필요했다.

인터넷에 학원을 검색해 보니 서울에는 실용 음악학원

이 엄청 많았다. 내가 서울로 올라올 당시에 구미에는 고작 두세 곳 정도 있었던 것 같다. 유명하고 경쟁률도 높은 학교에 학생들을 다수 합격시켰다는 학원이 서울에는 정말 수두룩했다. 그래서 학원 선택부터 난관이었다. 시간이 없어서 깊은 고민 끝에, 유명한 가수도 많이 수업했고 합격자도 다수 배출한 마포구에 있는 한 학원으로 결정했다.

학원에서는 나에게 맞는 개인 지도 선생님을 배정하기 위해 레벨 테스트를 진행해야 한다고 했다. 나는 유선으로 일정을 잡은 후, 학원으로 찾아갔다.

무슨 노래를 부르면 좋을까 고민하다가, 스무 살 때 대전 어느 대학교에서 열렸던 가요제에서 대상을 받았던 이석훈의 '웃으며 안녕'이 문득 떠올랐다.

원장님 앞에서 떨리는 마음으로 1절까지 불렀다. 상도 받았던 노래라 자신이 있었기에 좋은 평가를 내심 기다리고 있었다.

그러나 내 노래를 듣고 난 원장님은 아무 표정도 없이 말했다.

"여학생이 남자 노래를 선곡했는데, 음정까지 왜 남자 키로 부르는 거죠?"

나는 당황했다. 지금껏 노래를 부르면서 전혀 들어보지 못했던 얘기였기 때문이다.

나는 초등학생 때부터 대부분 남자 노래를 듣고 부르는 걸 좋아했고, 남성 보컬의 노래를 들으면 자연스럽게 마음이 더 이끌렸다.

아빠 차를 타고 이동하는 날에는 조수석에 앉아 카 플레이어를 틀고, 남성 보컬의 노래만 신나게 따라 부르고 여성 보컬 노래에는 침묵했던 나였다.

중학교 2학년으로 올라갈 무렵, 우연히 어느 보컬의 목소리를 듣고 심장이 덜컹 내려앉았다. 가수 SG워너비의 'Timeless'라는 노래였다. 멤버 중에 김진호라는 사람의 목소리에 완전히 매료되었고, 테이프와 CD를 사서 늘어질 때까지 감상했다. 전 곡을 외워서 부를 만큼 빠져 있었다.

너무 좋아한 나머지, 나는 김진호의 목소리와 똑같이 소리 내고 싶어서 매일 따라 불렀고, 그러다 여성이 낼 수 없는 저음까지 소리를 냈다.

그 이후로 여자 음역의 노래를 부른 적도 없었고, 남자 노래를 부르면서도 저음이 불편하지 않았기에 키를 높여서 부르지 않은 건 나에게 지극히 자연스러운 일이었다.

"와, 소몰이 창법 대박 심해. 그리고 남자 음역으로 부르는 거 싹 다 고쳐야 해. 그거 바꿀 의지 없으면, 너 대학 못 가."

원장님은 내가 노래 부르는 모든 방식을 바꿔야 한다고 했다. 이게 끝이 아니었다.

"야, 너 중학생 때부터 이렇게 불렀으면, 소몰이 고치는 시간만 해도 너무 오래 걸릴 것 같은데?"

그 말을 듣고 겉으로 표정 관리하는 것도 힘들 만큼 충격이 컸다. 그때 내 노래의 위치와 현실을 알게 되었다.

이때까지 여러 가요제에 참가하면 상을 놓친 적이 거의 없었고, 학교에서도 노래하면 나보다 잘하는 학생이 없었기 때문에 노래만큼은 자신감이 가득했다. 그래서 입시 준비에 대한 평가도 당연히 긍정적일 거라 예상했다.

그러나 전혀 생각하지 못한 얘기에 온통 머리가 하얘진 채로 레벨 테스트를 마친 후 터덜터덜 밖으로 나왔다.

계속 이런 창법으로 노래를 불러왔는데, 입시 전까지 7개월 남은 시간 안에 교정할 수 있을까? 교정하면서 과연 입시 곡은 준비할 수 있을까? 여러 생각으로 마음이 복잡했다.

학원에서 레벨 테스트를 진행하고 나면, 조금만 준비하면 무조건 합격할 수 있겠다는 말을 들을 줄 알았다. 하지만 내가 예상한 반응과 정반대여서 크게 좌절했다.

엄마와 약속한 기간은 단 1년. 시간도 촉박했고 충만했던 자신감도 한순간에 바닥을 쳤다. 그렇게 사기가 완전히 떨어진 상황을 마주해야 했지만, 나는 피할 수도 없었다.

며칠 동안 혼란스러운 마음을 가다듬고 2010년 3월, 학원에 등록했다.

학원비는 내 생각보다 높은 금액이었다. 지금 생각해도 비싸게 느껴지는데, 직업도 없는 나에게는 40만 원이 넘는 학원비가 그때는 더 크게 느껴졌다.

동생의 집에 살며 월세를 내지 않는 대신, 학원비는 내가 벌어서 내고 싶었다.

그래서 2010년 3월부터 약 6개월이 넘는 기간 동안 평창동에 있었던 '쏘렌토'라는 파스타 매장에서 서버 아르바이트를 시작했다.

일주일에 수업은 주 2회였고, 수업이 없는 날은 학원 연습실을 사용할 수 있었다. 그래서 오후 시간을 피해서 아르바이트를 구해야 했는데, 집에서 가까웠던 가게 앞을 지나가다 마침 오전 아르바이트를 구한다는 전단이 붙은 것을 봤다. 나는 바로 연락해서 면접을 봤다. 운 좋게도 바로 근무할 수 있었고, 오전부터 시작해서 하루 5시간 정도 근무를 했다. 그 당시 최저시급은 약 4,000원이었고, 내 한 달 급여는 45만 원 정도였다. 신기하게도 학원비와 딱 맞아떨어졌다.

일이 끝나고 나면 집으로 빠르게 걸어가서 파스타 음식 냄새와 땀 냄새가 잔뜩 배어있는 옷을 벗어 던지고, 깔끔한 상태로 오후에는 매일 학원으로 향했다.

## 순도 100퍼센트의 열정

 개인 수업 첫날이 다가왔다. 보컬로서 1:1 수업은 처음이라 심각하게 긴장한 상태였다.

 선생님은 대면하자마자 내게 자신 있는 노래를 불러보라고 요청했다. 원장님께 대충 전해 들었지만, 선생님께서 어떤 곡의 스타일이 어울릴지 파악해서 입시 준비를 어떤 방향으로 나아갈지 정하자고 하셨다.

 나는 벌벌 떨리는 손으로 마이크도 없는 빈손을 입 앞에 갖다 대고, 평소에 자주 부르던 노래를 불렀다.

 지난번 원장님처럼 선생님도 역시나 내 소몰이 창법을 지적했다.

 "소몰이 창법 빨리 안 빼면, 너 시간만 버려. 진짜 10월 입시 금방이야. 나도 최대한 노력하겠지만, 나랑은 일주일에 한 번 보잖아? 그러니까 나머지는 네가 미친 듯이 연습해야 해."

그 말을 듣고 경각심을 느낀 나는, 선생님과 함께 소몰이 창법을 빼는 데만 집중했다.

노력하다 보니 신기하게도 진짜 내 목소리가 들려왔다. 나는 약 한 달 반 만에 지적받던 소몰이 창법을 교정할 수 있었다. 선생님도 나의 빠른 변화에 놀라셨다.

학원에는 입시생들을 위한 월말 평가가 있었고, 입시나 노래에 대한 코멘트도 함께 진행되었다. 레벨 테스트 때 소몰이 창법을 지적하셨던 원장님도 자리에 계셨는데, 나의 노래를 듣고 완전히 다른 사람 같다고 하시며 입시 곡만 잘 정하면 되겠다고 하셨다.

나는 기뻐할 새도 없이 선생님과 '입시 곡 찾기'라는 다음 스텝으로 넘어갔다.

수많은 곡 중에 나에게 딱 어울리는 곡을 찾는 건 정말 쉽지 않았다. 실기에서 메인 곡, 서브 곡, 예비 곡까지 대략 3곡에서 4곡을 준비해야 했다. 강력한 어필은 기본

이고, 많은 입시생 중에서 차별화할 수 있는, 또 잘 소화할 수 있고 잘 맞는 곡을 신중하게 골라야 했다.

점점 시간은 빠르게 흘러갔고, 한 달이 넘는 시간 동안 우리는 입시 곡만 찾았다. 시간이 갈수록 내 마음은 조급해질 수밖에 없었다.

선생님은 이전에 내가 팝송보다 가요를 즐겨 불렀다는 점을 고려하여 메인 곡을 가요로 정하는 게 좋을 것 같다고 하시며 본인이 찾은 곡을 들려주었다. 자우림 1집 앨범에 수록된 '파애'라는 곡이었다. 태어나서 처음 듣는 노래였다. 귀에 한 번에 확 들어올 정도로 가사가 참 독특했다. 보랏빛이 감도는 듯 아주 오묘한 기분이 들었고, 듣자마자 매료되었다.

몇 번 수업을 받고 연습을 한 후, 선생님과 나는 잘 어울린다는 판단이 들어서 이 노래를 메인 곡으로 결정했다. 그날로부터 약 5개월 동안 이 곡만 듣기 시작했다.

실제 입시 현장에서 메인 곡만 부르고 끝나는 경우가 많다고 하여 서브나 예비 곡보다 메인 곡에만 온전히 집

중할 수밖에 없었다. 개인적인 분석, 온라인에 떠도는 여러 가지 해석들, 원곡자의 인터뷰 그리고 라이브 영상… 내가 부를 노래에 관련된 정보들은 샅샅이 찾았다.

한 음절씩 다 뜯어서 내 감정을 어떻게 고르게 담아서 부를지 연구하고 또 연구했다.

나는 소몰이 창법을 덜어냄으로써 저음만 내던 소리도 점차 맑아졌고, 좀 더 높은음을 낼 수 있는 보컬로 교정이 되고 있었다.

그렇게 계절이 오고 가는지도 모른 채, 봄과 여름이 지나고 가을이 다가오고 있었다.

수시 입시 날짜가 드디어 한 달 앞으로 다가왔다. 나는 파스타 가게 아르바이트를 그만두면서 고민 끝에 다니던 학원도 그만두기로 했다. 원장님과 선생님은 입시가 얼마 남지 않았다며 몇 번이고 말리셨지만, 나는 정신없이 달려온 반년의 시간을 실기 시험을 치르기 전에 혼자서 정리할 시간이 필요하다고 느꼈다.

학원을 그만두니 연습할 곳이 마땅치 않았다.

마침, 친동생과 같은 학교에 다니는 동생 친구가 지방에서 올라와서 같은 빌라 아래층에 살고 있었다. 동생 친구는 빌라 건물 관리인의 허락을 받고 지하 주차장에 개인 방음 부스를 설치해서 그랜드 피아노를 두고 개인 연습실을 만들었다.

나는 아르바이트도 그만둔 상태라 개인 연습실은 대여할 비용이 부담스러웠고, 집 주변에 보컬 연습을 할 만한 공간은 거의 없거나 너무 멀리 있었다.

나는 동생 친구의 어머니에게 연습 안 하는 시간을 이용해서 딱 한 달만 사용을 허락해 줄 수 있는지 정중하게 부탁을 드렸다. 다행히 흔쾌히 허락을 해주셨고, 나는 한 달 동안 모기가 잔뜩 우글거리는 지하 방음 부스에서 광기에 오른 사람처럼 '파애'라는 곡을 쉴 새 없이 부르며 내 모습을 촬영하고 모니터링을 반복했다.

나는 수시 전형으로 총 세 곳의 학교에 지원했다. 다행히 실기 날짜가 겹치지 않았다. 중학생 때 댄스팀 연습 말고는 살아오면서 내가 무언가를 위해 이렇게 미친 듯이 해본 적은 없었는데, 실기 시험에 대한 준비를 넘어서 솔직히 그 이상을 했던 것 같다. 그래서 시험 날짜가 다가오고 있음에도 크게 떨리지 않았고, 기분 좋은 긴장감을 가진 채 시험장에 들어섰다.

지원한 학교들 중 가장 가고 싶었던 곳은 동아방송예술대학교였다. 날짜는 내가 지원한 학교 중 일정이 제일 마지막이었다. 위치는 경기도 안성이었지만, 조금 외진 곳에 있어서인지 서울에서도 꽤 거리가 있었다.

시험 당일, 엄마와 동생이 나와 동행해 주었다. 간절한 마음 때문인지 가는 내내 손에 땀이 났고, 자면서도 외웠던 가사가 머릿속에서 갑자기 하얘졌다. 그렇게 불안한 심리 상태로 실기 장소에 도착했다. 과잠바를 입은 학과 선배들에게서 실기에 대한 안내를 받은 후, 가슴에 번호표를 붙였다. 지원자가 워낙 많아서 실기는 거의 5~6일 정도로 치러졌고, 내가 시험 보던 날도 입시생이 많아 보였다.

성별로 입학 정원 수가 달랐으며, 내가 지원했을 당시에 총 여성 지원자는 800명이 넘었다. 수시 전형에서 여성 보컬은 단 3명만 합격할 수 있었다.

내 앞에 대기했던 입시생 순서가 끝나자, 나는 안내에 따라 실기 고사장으로 동생과 함께 들어갔다. 동생은 그날 내 입시 곡 반주를 맡았다. 긴 테이블에 칸막이가 쳐져 있는 상태로 여러 교수님이 앉아계셨다. 교수님들의 눈빛과 그곳의 분위기는 마치 겨울왕국 같았다.

인사를 한 후 심호흡을 크게 했다. 그러고 나서 동생을 바라보고 고개를 끄덕이며 시작 사인을 줬다.

차가운 공기 속에 동생의 반주와 내 목소리가 울려 퍼졌고, 교수님들의 눈을 바라보며 나의 진심을 호소했다. 메인 곡을 끝내자, 한 교수님께서 서브 곡을 요청했다. 나의 서브 곡은 흑인 여성 보컬 'India Arie'의 'Video'라는 노래였다. '파애'와는 완전히 상반된 리드미컬한 곡으로, 아주 낮은 저음의 팝송이었다. 수업 시간에 가장 많이 혼나고, 연습할 때도 나를 가장 힘들게 했던 곡이었지만, 그 순간만큼은 나를 믿고 신나게 리듬을 즐겼다.

모든 게 끝났다고 생각하며 속으로 안도의 숨을 내쉬던 순간, 다른 교수님께서 "혹시 조금 다른 느낌의 가요 한 곡 더 볼 수 있을까요?"라고 요청하셨다.

나는 어릴 적 야시장의 첫 무대에서 불렀던 S.E.S의 'I'm Your Girl'을 가창했다. 시험 일주일 전에 신기하게도 그 노래가 떠올랐다.

그렇게 총 3곡의 노래를 부르고 난 후, 개운한 기분을 느끼며 밖으로 나왔다. 밖으로 나오니 엄마가 벤치에 앉아서 묵주를 들고 간절하게 기도하는 모습이 보였다.

나는 긴장이 풀리며 눈물이 핑 돌았다. 엄마가 나를 발견하고 시험에 관해 계속 물어봤다. 마치 깊은 잠에 빠져 꿈을 꾸다가 깨어나면 모두 잊어버리게 되는 것처럼, 내가 3곡이나 불렀던 것밖에 기억나지 않았다. 그만큼 그 공간 속, 그리고 나의 노래 속에 아주 깊이 빠져 있었던 것 같다. '합격'이라는 결과가 아주 간절한 상황이었지만, 결과를 떠나 그날은 나에게 먼지만큼의 후회도 남지 않았다.

시험이 모두 끝난 후, 결과 발표를 기다렸다. 결과는 시험을 치고 거의 한 달 뒤에 났고, 다른 두 곳의 학교는 모두 불합격이었다. 미칠 듯이 불안했고, 내게 남은 건 동아방송예술대학교뿐이었다. 마지막 동아줄이었다.

합격자 발표 날, 나는 컴퓨터를 켜고 내 정보를 입력했다. 구미에 있는 엄마에게 전화를 걸었다.

"엄마, 동아방송 발표 났대. 그런데 엔터를 진심 못 누르겠어… 으악!"

나는 엄마에게 이 말만 열 번 넘게 반복했다. 엄마는 떨어지면 정시에 다시 도전하면 되니까 얼른 확인하라고 했다. 나는 눈을 꼭 감고, 키보드의 엔터키를 누른 후 어렵게 눈을 떴다. 빨간 글씨의 '불합격'이 아닌 파란 글씨의 '합격'이라는 글자가 보였다.

입에서 저절로 탄성이 나왔다. 엄마와 나는 서로 전화기를 붙잡은 채, 아무 말 없이 눈물만 하염없이 흘렸다. 그렇게 피나는 노력 끝에, 나는 기적처럼 동아방송예술대학교에 입학할 수 있었다.

## 초심으로 돌아가기

2014년 2월, 치열하게 들어갔던 동아방송예술대학교를 드디어 졸업했다. 그때 나이 스물다섯이었다.

노래가 하고 싶어서 어렵게 진학했지만, 나는 거의 2년 넘는 시간 동안 노래보다 춤 동아리에 빠져서 지냈다.

정작 나는 가수가 꿈이었는데, 고된 입시 과정을 겪고 나니 입학한 후로 노래에 대한 흥미를 조금씩 잃어갔다. 오디션이 있으면 방송국 측에서 학교로 보낸 공문을 보고 도전해 보자는 마음에 지원은 했지만, 결과는 만족스럽지 못했다. '슈퍼스타 K'에서 예선 탈락, '보이스 오브 코리아'는 본선까지 올라갔으나 4명의 심사위원 모두 합격 의자를 돌리지 않아 내가 나온 부분은 전부 통편집되었다. 그 후로도 들어가고 싶은 소속사 목록을 추려서 포트폴리오를 제출했지만, 연락이 온 곳은 아무 데도 없었다.

사실 입시를 준비하면서 간절함을 모두 쏟아붓고 나니, 그다지 붙어야겠다는 열정도 잃어버린 것 같았다. 그렇게 시간은 빠르게 흘러 소속되어 있던 학교를 졸업하고, 나는 어느새 20대 청년 백수가 되어있었다.

아무런 계획도 없었다. 내가 하고 싶은 것들을 제대로 시도하지 못하고, 내 꿈에 닿지도 못한 채 다시 고향으로 내려갈 용기마저 없었다.

여러 고민에 휩싸인 채, 구미에서 지내고 있었다. 마침, 기숙사 생활을 하던 동생이 기숙사 입소에서 탈락하는 바람에 엄마는 동생의 학교와 가까운 곳에 반지하 원룸을 계약해 주셨다. 그래서 나는 동생과 다시 서울에서 같이 살 수 있게 되었다.

동생 때문에 계약한 상황이라 3개월 월세와 보증금은 엄마가 도와준다고 했지만, 그 후 월세는 내가 돈을 벌어 내야 했다. 어떤 일을 해야 할지 방황의 시간만 길어져

갔다.

　얼마 남지 않은 통장 잔액을 확인하면서도 이미 무기력해져 버린 나는, 집 안에서 거의 3개월을 꽉 채워 나가지도 않고 은둔하면서 살만 찌워갔다. 스트레스로 인해 배가 불러도 먹는 걸 멈출 수가 없었다. 그러다 보니 어느새 15kg이 쪄서 내 체중은 80kg까지 나갔다.

　몸과 마음이 무거워질수록 더 가라앉으며 나 자신을 잃어가고 있었다.

　엄마가 말한 3개월이 지나고, 나는 월세를 내기 위해 짬뽕 식당 서버, 급식소 배식, 사진 포장, 수제 사탕 포장, 유치원 아카펠라 공연 등 갖가지 아르바이트를 전전하며 지냈다.

　그러던 중 아카펠라 공연을 같이하던 선배가 출강하는 실용음악 학원이 있는데, 개인 사정으로 그만둬야 한다며 나에게 보컬 수업을 해볼 의향이 있냐고 물었다. 학교 다닐 때, 수업을 들으며 수원에 있는 학원에서 일주일에 한 번씩 학생들에게 보컬을 지도하며 용돈을 벌었던 경험이 있다. 그때의 경험으로 무조건 해야겠다고 생각했다.

그런데 갑자기 고민이 생겼다. 당연히 수도권에 있을 줄 알았던 학원이 충청북도 충주에 있다는 걸 뒤늦게 알았기 때문이었다. 강남 센트럴시티 버스터미널에서 약 1시간 50분이 걸리는 거리였다. 쉬운 결정은 아니었지만, 거리 문제를 떠나 전공과 연관된 일을 할 수 있는 기회를 놓치고 싶지 않았다.

물론 서울에도 학원이 많이 있어 충분히 이력서를 넣을 수도 있었다. 하지만 인품 좋은 원장님과 순수한 학생들로 인해 오래 근무할 수밖에 없다는 선배의 얘기에 어쩐지 마음이 끌렸다.

그렇게 하던 아르바이트를 그만두고 충주에 있는 실용음악 학원에 출강을 나가게 되었다. 취미로 노래를 배우려는 사람, 입시를 준비하는 학생들을 대상으로 노래 지도를 하는 게 내 일이었다.

입시 준비를 하면서 보컬 학원에 다녔던 때 배웠던 것들과 대학교에 입학해서 알게 된 이론을 학생들에게 다시 복습하고 알려주다 보니 나 자신에게도 공부가 되었다.

내가 가르친 학생 전부가 다 그런 건 아니었지만, 학생들이 노래를 대하고 열심히 연습하는 과정들을 지켜보며 나는 현재의 내 모습을 다시 돌아보게 되었다.

사실 입시가 끝난 이후로 오랫동안 노래에 대한 진심은 거의 사라졌다고 볼 수 있었다.

학교에서 실기 과제에 해당하는 노래만 시험이 다가오면 벼락치기로 대충 준비하고, 수업이 끝나면 춤 동아리 방으로 출석하기에 바빴다. 나는 그렇게 동아리 방에서 새벽까지 춤만 연습하며 대학 시절을 보냈다.

정말 노래를 좋아해서, 도저히 노래를 놓을 수 없어서, 미치도록 노래가 하고 싶어 기존에 다니던 학교를 과감히 포기하면서까지 어렵게 입학한 학교였지만 진심으로 노래를 대하며 부르는 나는 그 자리에 없었다. 그런데 정말 신기하게도 여러 학생과 만나면서 내가 몇 년간 잊고 지내왔던 노래에 대한 애정과 입시를 준비할 때의 초심이 다시 조금씩 피어오르는 걸 느꼈다.

문득 노래가 정말 좋아서 부르던 시절의 내 모습이 그리워졌다. 그런 감정이 마음속에서 점점 커지자, 그때부터 마음속에서 잠잠했던 열망이 다시금 꿈틀거리기 시작했다.

 단지 실용 음악학과를 졸업한 학생이 아닌, 내 이름으로 앨범을 발매하고 싶었다. 그리고 온전히 나의 무대를 이끄는 가수가 되고 싶었다.

## 블리쉬 녹턴의 탄생

 저녁에 수업이 끝나고 막차를 타면, 거의 밤 11시가 가까워진 시간이 되어서야 집에 도착했다.

 동생도 학교 수업과 개인 연습이 모두 끝나고 나면, 거의 나와 같은 시간에 집에 들어왔다.

 그러던 어느 날이었다. 그날은 학교에 가지 않았는지, 내가 집에 도착하니 동생이 있었다. 씻고 나와 책상에 앉아 플래너 정리를 하고 있는데, 난데없이 어설픈 기타 소리와 동생의 목소리가 담긴 정체 모를 노래가 귓가에 들려왔다. 플래너 정리에 집중했던 내 모든 정신과 감각이 이상하게도 그 소리에 모였다.

"이 노래 뭔데?"

동생에게 물었다. 그러자 동생이 대답했다.

"오늘 집에 있으면서 누나 기타로 만든 노래."

책상 앞에 고정되어 있던 몸이 반사적으로 동생이 있는 방향으로 향했다.

나는 동생에게 방금 그 노래를 다시 틀어보라고 재촉했다.

고요한 집 안의 기계 소음과 여러 잡음, 전혀 연주할 줄 몰라 자꾸 틀리면서도 절대음감으로 음을 찾아 힘겹게 연주하는 동생의 미숙한 기타 소리, 그리고 그 위에 얹어진 잔잔한 목소리로 시작되는 노랫말. 그렇게 쓸쓸하면서 깊이 박히는 노래는 참 오랜만이었다.

어릴 때부터 동생이 연주하는 피아노로 만들어진 곡만 듣다가 기타로 만든 곡을 들은 건 처음이었다.

어설픈 기타 소리도 마음에 들었지만, 무엇보다 멜로디와 단순한 가사가 단번에 귀에 꽂혔다.

나는 듣자마자 동생에게 대뜸 말했다.

"우리 이름으로 이 노래 앨범 내자!"

'내보는 게 어때?'가 아닌 '앨범을 내자.'였다.

나의 갑작스럽고 단호한 얘기에 동생은 조금 당황한 기색이었지만 흥미를 보이는 것 같았다.

하지만 거기까지였다.

"회사도 없는데 앨범을 어떻게 내는데?"

동생은 바로 현실적인 문제를 꺼내 물었다. 나는 자신 있게 말을 뱉었지만, 사실 개인으로 앨범을 발매하는 것에 대해서는 아무런 정보도 없었고 방법도 몰랐다.

순간 깊은 고민에 빠졌다. 모든 것이 막막했다.

잠시 침묵이 흐른 뒤, 나는 어릴 때부터 우리가 노래를 만들고 부르던 그때 그 시절 이야기를 꺼냈다. 내 말을 듣고 난 후 동생이 말했다. 우리 팀이 마냥 추억으로만 남겨지고 우리만 알고 있기에는 뭔가 아쉽다는 생각을 자신도 가끔 했었다고.

청소년기에는 서로 바쁜 가운데 특별했던 추억도 잊은 채 살았지만, 성인이 되고 나서 마음 한편에 그 시절에 대한 그리움이 서로의 마음에 자리하고 있었던 것 같다.

다른 아이들이 놀이터에서 뛰어놀 듯, 음악은 내게 놀이터나 다름없었다. 어린 마음에 그저 즐겁고 단순한 재미라고만 생각했던 음악이, 성인이 된 지금까지도 동생과 내 곁에 머물며 이렇게 이야기를 꺼낼 만큼 큰 존재가 될 줄은 몰랐다. 그래서인지 이 노래 한 곡이 마지막일지라도 꼭 발매해서 남기고 싶은 마음이 더욱 컸다.

앨범 발매, 그것도 개인으로⋯.
정말 아무것도 모르는 나에게는 난관 그 자체였다. 지금은 혼자서 발매하는 일에 완전히 적응되어 아무것도 아닌 일이 되었지만, 그때는 막막함과 답답함이 한꺼번에 몰려와 매일 나를 괴롭혔다. 나는 끝까지 포기하지 않고 온종일 컴퓨터 앞에 앉아 관련된 정보를 찾아보고, 주변에 발매 경험이 있는 지인에게도 물어보며 방법을 하나씩 알아갔다.

첫 번째는 악기 녹음이 먼저였다. 녹음된 악기 소리 위에 보컬을 얹어야 했기 때문이다.
발매하기로 한 곡은 동생의 가이드처럼 오로지 기타 연주만 필요했고, 이 곡을 기타로 연주해 줄 기타리스트를 찾아다녔다.

학교를 졸업한 후, 선배의 소개로 아카펠라 팀을 구성해 유치원에서 아이들을 위한 공연을 하곤 했다. 그때 공연을 같이했던 동기 언니가 있었다. 마침, 그 언니의 남자친구가 기타리스트임을 알게 되었다. 우연히 언니를 통해 그분의 연주를 듣게 되었고, 왠지 따뜻하고 선하게 느껴지는 그분의 연주가 정말 마음에 들었다. 그래서 언니를 통해 기타리스트에게 편곡과 기타 녹음을 부탁드렸고, 흔쾌히 해주겠다는 답을 받고 그에 따른 연주료도 챙겨드렸다. 그렇게 몇 번의 피드백과 수정 끝에 가이드의 노래였던 반주가 최종 완성되었다.

나는 연주만 듣는데도 눈물이 핑 돌았다. 아무 잡음도 들리지 않는 깔끔한 녹음 소리에 진짜 앨범 같은 기분이 들었다.

기타 반주를 완성 후, 드디어 내 목소리를 얹을 차례였다.

전문적으로 보컬을 녹음할 수 있는 스튜디오를 열심히 찾았는데, 가수들만 사용할 수 있는지 인터넷에 정보가 거의 없었다.

나는 그냥 시간제로 대여해주는 제일 저렴한 스튜디오를 찾았다. 어느 건물 지하에 있는 녹음실이었는데, 1시간 녹음에 3만 원 정도였다. 시간이 추가되면 돈을 더 내야 하니까 빨리 끝내야 한다는 조급한 마음도 들었다.

우리 팀 앨범의 첫 녹음이라 모든 게 신기하고 설레었다. 긴장한 나머지 첫 소절부터 내 목소리에 힘이 많이 들어가 있었다. 그러다 문득, 어린 시절 아무런 장비도 없는 상태로 카세트 플레이어를 통해 우리가 만들었던 노래를 녹음하던 모습이 떠올랐다. 나는 녹음하던 도중에 울컥했고, 그때의 나를 회상하며 노래에 집중하기 시작했다.

순수하게 노래를 이어갔다. 그리고 단번에 오케이 사인이 났다.

녹음이 끝난 뒤에도 앨범 아트 작업, 믹싱과 마스터링 등 여러 과정이 남아 있었고, 그렇게 완성된 음원을 스트리밍 사이트에 등록하기 위해 유통사와 계약을 맺는 최종 관문이 기다리고 있었다. 그러나 규모가 큰 유통사는 우리 음원을 받아주지 않았다. 그러한 유통사는 회사에 소속된 아티스트나 유명한 가수의 음악만 받아줬었다. 최종 관문에서 허덕이며 우리는 우여곡절 끝에 지인의 소개로 한 인디 유통사를 만나게 되었고, 감사하게도 그곳에서 우리의 음악을 받아주었다.

그렇게 세상에 나온 노래가 2015년 발매했던 '헤어진 거 아니에요'라는 곡이다.

따뜻한 기타 위에 얹어진 선명한 내 목소리를 들으니 행복한 기분이 들었고, 동생이 쓴 곡이라 더 감회가 새로웠다. 내가 좋아하는 '영원'이라는 단어처럼, '블리쉬 녹턴(Bluish Nocturne)'이라는 새로운 팀 이름으로 세상에 영원한 기록을 남겼다.

되돌아보면, 과거 '화이트 스카이'에서 현재 '블리쉬 녹턴'으로 탄생하기까지의 여정이 참 신기하고 꿈만 같다. 그저 재미와 장난으로 했던 모든 것들이 지금은 어떤 모양을 갖추고 이루어졌기 때문이다.

그 시절을 잊지 않고 서로가 그리워했기 때문에 우연히 툭 던진 말이 불씨가 되어 현재의 우리가 되었다.

지금까지 발매한 곡 수는 벌써 9곡이다. 그리고 2025년 기준으로 '블리쉬 녹턴'은 10주년이 되었다.

어릴 때부터 '음악'이라는 우리만의 언어로 동생과 공감하고 교류할 수 있어서 감사와 행복을 느낀다. 이렇게 음악을 남길 수 있음에, 좋은 곡을 부를 수 있음에 감사하다. 앞으로 '블리쉬 녹턴'으로서 만들어갈 더 많은 것들이 기대되고, 앞으로도 우리가 추구하는 음악이 누군가의 감성을 툭 건드릴 수 있었으면 좋겠다.

'푸른 빛을 띤 야상곡'이라는 뜻으로
누군가에게 늘 푸른 밤의 빛이 되어주고 싶다.

## 02

# 꿈의 무대

## 가려진 나의 길

2015년 추석.

부모님을 뵈러 구미에 내려갔다. 대구에 있는 큰집으로 이동해 제사를 지내고, 집에 돌아와서 무슨 영화를 볼까 하며 채널을 이리저리 돌렸다. 그런데 MBC에서 한동안 보지 못했던 음악 프로그램을 방영하길래 검색해 보니, 추석 연휴 파일럿 편성으로 새로 시도하는 예능 프로그램 중 하나였던 '듀엣가요제'라는 프로그램이었다.

기존에 큰 인기를 얻었던 '나는 가수다', '복면 가왕' 등의 음악 예능과는 다른, 일반인과 가수의 듀엣 무대라는 콘셉트였다. 평소 TV를 잘 보지 않던 엄마는 내 옆에 앉아 방송을 유심히 보더니, "우리 딸이 TV에서 노래하는 모습은 대체 언제 볼 수 있겠나? 에휴…"하고는 한숨을 쉬며 방으로 들어가셨다.

나는 엄마의 말에 속상해서 아무 말도 할 수 없었다. 조용히 방으로 들어가 침대에 누워있어도 아까 봤던 '듀엣가요제'에 대한 생각이 머릿속에서 떠나질 않았다.

네이버에 듀엣가요제를 검색해서 올라온 블로그 및 기사를 거의 다 읽고 마지막으로 공식 홈페이지에 들어갔다.

게시판의 일반인 참가자 모집 공지가 내 눈에 들어왔다.

심장이 덜컹했다. 하지만 파일럿 프로그램이었고, 이미 방송이 끝난 상황이라 뒤늦게 내가 확인한 공지는 사실 아무런 의미도 없었다. 나는 그걸 잘 알면서도 아쉬운 마음에 그 후로도 거의 매일 듀엣가요제에 대한 정보를 찾았다.

그러던 어느 날, 다시 홈페이지에 들어갔다. 방송이 끝난 후에도 추석 전에 모집했던 공고가 그대로 남아 있었다.

문득 지원서가 궁금해서 열어봤다. 작성할 내용은 어렵지 않았다. 이미 끝난 줄 잘 알면서도 아쉬운 마음을 떨칠 수 없어 자연스럽게 양식을 작성했다. 그리고 공고에 안내된 메일주소로 작성된 지원서와 노래 파일을 보냈다.

'혹시나 읽고 연락이 오면 어떡하지?'

오만방자한 생각을 하며 혼자 떨리는 마음으로 수도 없이 보낸 메일함 옆에 수신확인 버튼을 눌렀다.

그러던 어느 날, 수신확인이 '읽음'으로 바뀌어 있었다. 하지만 아무런 일도 일어나지 않았다. 듀엣가요제 첫 번째 지원은 그렇게 시기를 놓친 아쉬움에 의미 없는 시도로 허탈하게 끝났다.

2016년 새해가 다가오기를 기다렸다. 사실 새해보다 듀엣가요제를 더 기다렸다고 말하는 게 더 맞을 것 같다. 문득 설날 특집으로 다시 또 방영하지 않을까, 하는 기대 때문에 듀엣가요제와 관련된 소식을 열심히 검색했다.

내 예상이 맞았다.

지난 추석 파일럿으로 방영된 후 반응이 좋아, 설날에도 편성된다는 소식과 함께 '듀엣가요제'에 참가할 일반인을 모집한다는 기사가 나왔다.

드디어 기회가 왔구나 싶어 고민 없이 홈페이지에 들어

가 지원서를 다운받았다.

사진, 이름, 나이, 연락처, 참가하게 된 동기, 듀엣 하고 싶은 가수, 오디션 참가 경력 등을 작성하는 항목이 있었고, 나는 빼곡하게 지원서를 채웠다. 그리고 필수 제출 사항이었던 노래 영상 2개를 첨부했다. 소속사 오디션 제출 영상으로 예전에 촬영을 해두었던 '가질 수 없는 너', 그리고 'Price tag'라는 곡이었다.

참가자 모집 마감 전날, 나는 떨리는 마음으로 메일을 보냈다. 버스를 놓치고 손을 흔들었던 지난해와 달리, 이번엔 '정상적인' 지원이라 그만큼 기대가 되었다.

연락이 오기만을 간절히 기다리며 하루하루를 보냈다. 낯선 번호가 스마트폰에 뜨면 혹시나 MBC 관계자분이 아닐까 긴장하며 받았지만, 아쉽게도 매번 기다렸던 전화가 아니었다.

1주, 2주가 지나고 설 연휴가 다가오기 전 주까지도 아무런 연락이 오지 않았다. 정규 편성 프로그램이 아니었고, 편성 여부에 대해서도 확실한 정보가 없었기에 기다렸던 만큼 큰 좌절감이 들었다.

내가 대학에 다닐 때 알고 있던 가수가 되는 방법은 방송 오디션 아니면 소속사 오디션, 이렇게 두 가지밖에 없었던 것 같다.

나도 한때는 가수가 되기 위해 방송 오디션 프로그램에 지원했었다. 하지만 기회는 쉽게 오지 않았고, 그러다 보니 사실 새로운 도전에 자신감이 많이 떨어져 있었다.

방송 오디션은 정말 다양한 실력을 갖춘 사람이 나온다. 내가 바라보는 나는, 보컬 실력도 외모도 그다지 매력이 없다는 생각이 들어서 어느 순간부터 방송 오디션은 지원하지 않기로 스스로 결정을 내렸다.

소속사에 들어가기 위해 연습실에서 여러 노래로 영상을 촬영하고 약 열 군데가 넘는 소속사에 지원한 적도 있었지만, 수개월을 기다려도 연락이 온 곳은 단 한 군데도 없었다. 다음에 다시 준비해서 도전하면 된다는 생각에 큰 타격감은 없었다. 그런데 이번 듀엣가요제는 달랐다. 떨어지면 다시 도전할 수 있는 소속사 지원과 달리, '듀엣가요제'는 설 연휴에만 특별 편성된 프로그램이다 보니 이번 기회가 중요했다. 그래서 간절함의 크기만큼 심리적

타격도 컸다.

지난 추석 때 엄마가 했던 말이 내 머릿속에 끊임없이 맴돌았다. 나는 한동안 마음이 무거운 채로 지낼 수밖에 없었다.

듀엣가요제의 정규 편성을 손꼽아 기다렸지만, 아무런 소식이 없었다. 그래서 떨어졌던 프로그램이니 나와는 맞지 않다고 생각하고 미련을 버리기로 했다. 그 후로 무거운 마음을 조금은 덜어내고 일상을 보냈다.

그러던 어느 날, SBS에서 방영하는 '판타스틱 듀오'라는 프로그램이 정규 편성되었다는 기사를 보게 되었다.

'판타스틱 듀오'도 일반인과 가수가 듀엣 무대를 펼치는 콘셉트로, '듀엣가요제'와 비슷한 시기에 타 방송사에서 설 연휴 파일럿으로 방영된 프로그램이었다. 새로운 기회가 나에게 찾아온 것 같아서 설레었다.

기사를 접하고 난 후, '판타스틱 듀오' 프로그램에 대한 정보를 찾기 시작했다. 홈페이지에 들어가서 상세 내용을 읽고, 공식 영상에서 가수 빅뱅의 멤버인 '태양'의 듀엣 파트너를 찾는다는 참가자 모집 티저를 확인했다.

태양은 그룹 '빅뱅'에서 내가 가장 좋아하는 멤버였고, 솔로 앨범의 방향성 역시 진심으로 응원하며 늘 관심 있게 지켜봤다. 그런 가수와 듀엣을 할 수 있는 기회는 처음이자 마지막 기회가 될 것 같다는 생각이 들었다.

정말 이번만큼은 떨어지고 싶지 않았다. 영상 심사에 최대한 각인이 되고 싶어서 튀는 모습으로 촬영을 해보기로 마음을 먹었다. 나는 집 근처에 살고 있었던 친한 동생 정아에게 도움을 청했다.

지원 영상으로 선정된 곡은 빅뱅의 'LOSER'라는 곡이었다.

나는 빅뱅 뮤직비디오 콘셉트를 재현하기 위해 신경을 썼다. 화장은 서툴러서 정아가 도와줬고, 가슴이 살짝 파인 슬리브리스에 정아의 동생 옷인 검정 롱코트를 걸치고, 선글라스를 착용한 채 올백 머리를 하고 낙성대역 주변을 돌며 촬영할 장소를 찾아다녔다. 사람들은 따뜻한 봄 날씨에 롱코트를 입은 내 모습을 이상하게 바라보기도 했다.

노래는 사전 녹음이 아닌 직접 부르는 모습을 촬영해

야 했기에, 옥상 문이 열려있는 건물을 찾아 몰래 올라가서 몇 시간 동안 촬영을 진행했다.

 촬영을 마치고 집으로 가서 바로 지원서를 작성하고 준비한 영상을 첨부하여 전송했다. 떨리는 마음으로 연락이 오기만을 기다렸다.

 일주일 정도 지났을까. 제작진에게 연락이 왔다. 너무 놀라 심장이 두근거렸다. 합격 연락일 거로 생각하며 떨리는 목소리로 전화를 받았다. 기대에 부풀어 대화를 이어갔지만, 아쉽게도 바라던 내용이 아니었다. 지원한 영상에서 얼굴이 잘 보이지 않아 다시 촬영해 제출해 달라는 요청이었다. 통화는 그렇게 간결하게 끝이 났다.

 기대가 컸기에 실망감이 밀려왔지만, 제작진이 직접 연락을 주었다는 것은 그럴만한 이유가 있을 거라고 긍정적으로 받아들였다.

 전화를 끊자마자, 조급한 마음에 집에서 바로 지정곡을 다시 가창하며 재촬영했다.

 처음 보냈던 영상보다 얼굴도 잘 보이고 노래도 선명하게 잘 들렸다. 조금이라도 늦으면 안 될 것 같아 촬영이 끝남과 동시에 영상을 바로 전송했다. 하지만 그 후로 연락을 기다렸으나 아무런 소식이 없었다. 판타스틱 듀오 태양 편이 드디어 방송된다는 예고편이 나올 때까지, 나는 어떤 연락도 받지 못했다.

나는 또 한 번 좌절했다. 방송의 벽은 너무 높았다.

그런데 더 슬펐던 건, 태양 편 본방송에 내가 지원한 영상이 나오는 걸 보면서 판듀 후보에까지 올라간 사실을 그제야 알게 된 것이었다.

유년기 시절부터 내가 가장 좋아하고 잘할 수 있는 건 노래가 전부였다. 그런데 지원했던 방송 오디션, 음악 예능 프로그램도 모두 떨어지고 나니 그제야 내 실력의 위치를 냉정하게 직면할 수 있었다.

오직 내가 좋아하는 음악, 가수로서 길을 가기 위해 서울 반지하 원룸에 월세만 내며 억지로 붙어 있었다. 졸업 후 1년이 지나도 제대로 된 직장도 찾지 못하고 근근이 생계를 이어 나가는 내 모습을 마주하니 비참한 기분이 들었다.

처음으로 좋아하는 걸 포기하고 새로운 길을 찾는 게 맞는 걸까, 하는 생각이 들었다.

잔뜩 우울한 어느 날, 하필 엄마까지 속상한 마음을 연신 드러냈다.

"내 주변의 친구들, 아빠 직장 동료의 자식들… 다 제대로 된 직장에 들어가서 평범하고 안정적으로 산다더라. 소속사 지원했던 것도 그렇고, 방송 오디션 전부 다 떨어지고 안 된다는 건 네가 그만큼의 실력이 안 되는 거다. 그러니 서른 되기 전에 빨리 다른 길 찾아라. (…) 하루빨리 현명하게 판단 내려서 결정 내려라."

그 말을 들으니 어두운 바닷속으로 깊이 잠기는 것 같았다. 오디션에 떨어진 것보다 나의 길이 아닌 것 같다는 생각이 내게는 더 날카롭고 아프게 다가왔다.

## 듀엣가요제

'판타스틱 듀오'보다 '듀엣가요제'가 정규 편성된다는 소식을 먼저 알고 있었고, 실제로 듀엣가요제가 더 먼저 방영을 시작했다. 그렇게 기다리고 기다렸던 정규 편성 소식이었지만, 선뜻 다시 지원할 용기가 나지 않았다.

마감된 공고에 첫 번째 지원, 설 연휴 파일럿 지원, 그리고 만약 이번 정규 편성에 지원하면 벌써 세 번째 지원이다.

연이은 탈락 경험으로 자존심이 상한 것보다, 또 떨어져서 내가 느끼게 될 좌절이 더욱 두려웠다. 왠지 모를 질투심에 본 방송은 챙겨보지 못하고 편집된 클립 영상만 시청했는데, 가수와 마주 보며 무대에서 노래하는 참가자들이 솔직히 너무 부러웠다. 그러다 나도 모르게 듀엣 가요제 홈페이지에 다시 들어갔다. 지원자 모집 공고를 확인한 뒤, 며칠 동안 잠을 설칠 만큼 고민했다. 깊은 고민 끝에 이게 진짜 마지막이라고 생각하며 마음을 정했다. 모든 기대, 다시 떨어진 후 내가 느낄 상처도 미리 내려놓기로 마음먹었다.

노래 영상을 촬영할 연습실을 1시간 예약했다. 그리고 정아한테 연락해서 딱 한 번만 더 도와달라고 부탁했다.

나는 아무런 연습도, 선곡도 준비하지 않았다. 그냥 있는 그대로의 내 모습, 무엇보다 간절한 내 목소리를 담고 싶었다.

연습실에 도착해서 정아에게 말했다.

"아… 진짜 되든 말든 이번이 마지막이다. 오늘 한 번만 고생해 줘."

나는 정아의 머리빗을 마이크 삼아 반주를 틀고 여러 노래를 부르며 촬영했다.

무슨 노래를 불렀는지 정확히 기억나지 않지만, 정아는 다 별로라고 했다. 나도 같은 생각이라 짜증이 났다. 조금 쉬고 나서 의욕이 떨어진 상태로 반주 목록을 내렸다. 그러다 김경호의 '나를 슬프게 하는 사람들'이란 곡이 눈에 들어왔다. 어렸을 때부터 좋아하고 잘 아는 노래여서 두 번 정도 불러본 뒤, 바로 가창하는 내 모습을 핸드폰으로 담아 모니터링했다.

이상하게도 이 영상이 제일 마음에 와닿았다. 정아도 동의했다.

촬영을 마친 후 집으로 돌아와 지원서를 작성하고 영상을 보냈다. 마음을 비운 상태라 그런지, 처음 지원할 때 요동치던 심장이 오늘은 신기하게도 잔잔했다.

그렇게 나는 한동안 지원 사실은 잊은 채 충주에 내려가 수업하며 평범한 일상을 보냈다.


어느 더운 여름날, 010으로 시작되는 낯선 번호로 전화가 걸려 왔다. 생소한 번호라 목소리를 깔고 전화를 받았다.

"안녕하세요, 저 MBC 듀엣가요제 작가입니다. 효인 씨 맞으실까요?"

나는 너무 놀라서 낮게 깔았던 목소리를 바로 풀고 어벙한 상태로 대답했다. 연락이 왔다는 사실이 정말 믿기지 않았다.

"지원해 주신 영상 잘 봤어요. 그런데 합격 연락은 아니고, 저희가 지원하신 분들을 대상으로 사전 인터뷰를 먼저 진행해야 해서 다른 작가님 한 분과 같이 댁에 방문하려고 하는데 괜찮으실까요? 2~3시간 뒤에 도착할 것 같아요!"

합격 연락이 아닌 사전 인터뷰 진행이라고 해서 내심 아쉬운 마음이 들었지만, 그것만으로도 행복한 기분이 들었다.

전화를 끊자마자 청소를 서둘러 마치고, 대충 씻은 후에 편한 복장으로 작가분이 오길 기다렸다. 차가 막혀 조금 늦는다는 연락을 받고, 그 시간 동안 혼자 질문을 생각하며 답변을 어떻게 해야 할지 고민했다. 그러는 사이 작가에게서 곧 도착한다고 연락이 왔다. 나는 서서 초인종 소리를 기다리며 문을 바로 열 준비를 했다.

드디어 초인종이 울렸다. 인터뷰라는 말에 큰 긴장감 없이 편하게 현관문을 벌컥 열었다. 그런데 현관문을 열자마자 작가가 아닌, 가수 정인 님이 서 있었다. 현관문 밖에는 피디와 작가, 카메라 감독 등 여러 방송 관계자들이 서 있었고, 잠시 뒤 모두 집 안으로 들어섰다.

나는 정말 심장이 멎을 만큼 놀라서 왈칵 눈물이 났다. 상황 파악이 되지 않아 잠시 진정하고 나니, 가수의 손에 내가 방송에서 봤던 듀엣 봉이 들려 있었다. 카메라 감독님들은 모든 순간을 놓치지 않고, 나와 정인 님의 모습을 촬영했다.

듀엣가요제의 룰을 간단히 설명하자면, 총 6명의 가수가 참가자들의 영상을 모니터링한 뒤, 함께 듀엣을 하고 싶은 참가자가 있는 장소로 직접 찾아간다. 현장에서 참가자의 라이브를 듣고 듀엣 봉을 내밀면 듀엣이 성사되는 방식이다. 만약 현장 라이브를 듣고 본인과 듀엣 하기에 적합하지 않다는 판단이 들면 가수는 다른 참가자를 찾아서 다시 이동하게 된다. 만약 한 참가자에게 2명 이상의 가수가 찾아와서 모두 듀엣 봉을 내미는 경우, 듀엣 봉 선택권은 참가자에게 있다. 반대로 모두 듀엣 봉을 내밀지 않는다면, 그 참가자는 탈락이다.

조금 정신을 차리고 안정된 마음으로 정인 님과 대화

를 이어 나가는 중, 현관문 밖에서 우르르 내려오는 발걸음 소리가 크게 들려왔다. 다른 제작진과 촬영 감독님들이 밖에서 대기하시다가 들어오는 줄 알았는데, 갑자기 가수 김경호 님이 집 안으로 들어왔다.

지원 영상에서 부른 곡도 그의 곡이었고, 고등학생 때 김경호 님의 곡으로 상을 받은 적도 있었기 때문에 나에게는 뭔가 내적 친밀감이 있었다.

나는 갑자기 일어난 모든 상황이 믿기지 않아서 자리에 주저앉았다. 마음속으로 제발 꿈이 아니길 기도했다. 다행히도 이 모든 것은 실제 상황이었다.

제작진이 건네는 블루투스 마이크로 두 가수 앞에서 내 노래를 들려주었다. 정말 힘들게 찾아온 기회였다.

두 가수가 듀엣 봉을 건네지 않으면 탈락한다는 생각에 절박한 마음이 들어서인지, 오히려 노래를 부르면서 떨림조차 느끼지 못했다.

노래가 끝나고 이제 선택의 시간만 남았다. 듀엣 봉 제안을 모두 포기할까 봐 차마 눈을 뜬 채로 바라볼 수 없었다. 선택이 끝났다고 얘기하는 제작진의 목소리를 듣고 어렵게 눈을 뜨자, 내 앞에 두 분 모두가 듀엣 봉을 내밀고 있었다. 눈으로 보고도 믿기지 않는 상황에 나는 또 털썩 주저앉았다.

이제 나에게 선택권이 주어졌다.

두 가수는 뛰어난 실력으로 널리 알려져 있을 뿐만 아니라, 서로 완전히 다른 개성을 자랑하는 보컬이었다. 사실 나는 어떤 가수분과 듀엣을 해도 영광스러웠고, 이런 기회 자체가 내게 왔다는 것만으로도 감사했다.

그렇지만 듀엣가요제는 가수와 하모니를 이뤄서 노래하는 경연 방식의 프로그램이었고, 한 회차에서 우승을 하면 자동으로 다음 회차에서도 경연할 수가 있었다. 만약 아쉽게 탈락하더라도 '다시 보고 싶은 듀엣'에 뽑히면 마찬가지로 다음 경연에 도전할 기회가 부여되기에 정말 나와 잘 어우러질 것 같은 목소리를 신중히 고민할 수밖에 없었다. 사실 함께 불러보지 않으면 제대로 판단하기 힘든 부분이었다.

나는 고민 끝에 한 마디를 외치며 내가 선택한 가수의 듀엣 봉을 잡았다.

"혹시 안 뽑히셨더라도, 저에게 악감정은 없길 바랍니다!"

내 선택은 정인 가수님이었다.

그 자리에 있던 모든 제작진이 놀랐다. 김경호 님을 선택할 줄 알았던 모양이었다.

나는 발라드를 즐겨 부르는 보컬이었고, 록 보컬처럼 쨍하고 선명한 보컬 텐션을 감당할 자신이 없었던 것 같다. 그렇게 정인 님과의 듀엣 팀이 결성되었다.

제작진은 바로 다음 주가 경연 녹화라는 사실을 알려주면서 이틀 안에 선곡을 끝내야 한다는 충격적인 이야기를 했다. 혼란스러운 상황에서 정인 님이 떠나고, 제작진과 나만 남았다.

제작진은 그제야 전화로 미리 얘기했던 인터뷰 촬영을 시작했다.

작가는 내게 여러 질문을 했고, 나는 성심성의껏 답했다. 인터뷰가 끝나갈 즈음, 서서 상황을 지켜보시던 큰 작가님이 내게 물었다.

"무대에 선 모습을 가장 보여주고 싶은 사람은 누구예

요?"

　질문을 듣자마자 잠시 머뭇거리다 왈칵 눈물이 쏟아졌다.

　나는 울컥하는 마음에 쉽게 대답할 수가 없었다.

　그 순간 작년에 파일럿 듀엣가요제를 보시면서 엄마가 내게 했던 말이 스쳐 지나갔다.

　"제 무대를 보여 드리고 싶은 사람은… 부모님…."

　올라오는 감정을 억누르며 간신히 대답했다. 그 질문을 끝으로 촬영을 마쳤다.

　제작진이 모두 돌아가고 혼자 덩그러니 남았다.

　한참을 멍하니 있다가 나도 모르게 계속 눈물이 흘렀다. 행복감과 함께 지나온 모든 시간이 머릿속을 휘젓고 지나갔다. 정신을 차리고, 이 소식을 제일 먼저 전해야 할 사람에게 바로 전화를 걸었다.

　사전 인터뷰를 진행한다는 소식만 알고 있던 엄마는 몹시 궁금해하는 목소리로 내 전화를 받았다. 나는 조금 전까지 내게 일어났던 일들을 잔뜩 흥분한 목소리로 이야기했다.

엄마가 그렇게 행복해하는 음성을 들어본 게 너무 오랜만이었다. 우리 모녀는 전화기를 붙잡고 행복의 눈물을 한참 쏟아냈다.

## 파트너, 정인

 무엇을 하든 늘 마음의 준비가 먼저 필요한 나에게, 단 일주일 만에 경연 무대에 서야 한다는 사실은 큰 부담으로 다가왔다. 어린 시절부터 가요제 무대는 여러 번 올랐지만, 방송에서 경연하는 무대는 감히 상상조차 할 수 없었다.

 선곡을 하기도 전에 수많은 걱정이 앞섰다. 나로 인해 무대를 망치면 어떻게 하지, 하는 부정적인 생각들로 잔뜩 긴장되었다. 혼자 이런저런 생각에 괴로워하고 있던 찰나, 정인 언니에게서 메시지가 왔다. 다름 아닌 선곡 이야기였다.

 '나보다 너에게 간절한 무대일 테니, 네가 하고 싶은 노래로 했으면 좋겠다.'라는 배려가 담긴 메시지였다. 따뜻한 언니의 마음에 나는 진심으로 감동했다. 정말 좋은 곡을 찾아야겠다는 의지도 불타올랐다.

곧바로 나는 선곡에 대해 고민했다.

그렇게 노래를 좋아하고 많은 노래를 불러왔는데, 막상 듀엣으로 어떤 곡을 부르는 게 좋을지 정말 아무것도 떠오르지 않았다. 새로운 곡을 찾기에는 시간이 너무 없었다.

나는 과거로 돌아가 내가 좋아했고 자신 있게 불렀던 노래들을 떠올리며 선곡 리스트를 하나씩 적어 내려가기 시작했다. 플라이 투 더 스카이, SG워너비, 포맨, 자우림, 이소라, 박효신, 김경호, 엠씨더맥스 등 여러 가수를 떠올리며 고민에 빠졌다. 그러다 일전에 가수분들이 우리 집에 왔을 때 불렀던 '어디에도'라는 노래를 떠올리며 엠씨더맥스가 생각났다. 그들의 노래 중에서도 '그대는 눈물겹다'라는 곡은 고등학생 때 내가 제일 좋아했고, 노래방에 가면 꼭 불렀던 노래이기도 했다.

선곡한 곡을 제작진에게 보내자 다소 아쉽다는 반응이 돌아왔다. 하지만 정인 언니의 강력한 어필 덕분에 결국 그 곡으로 무대를 준비할 수 있게 되었다.

 선곡을 결정한 후, 정인 언니는 편곡자에게 바로 편곡을 요청했다. 1차 편곡이 빠르게 완료되어, 정인 언니는 파트 분배와 연습을 위해 나를 집으로 불렀다. 서로의 소소한 일상을 나누며 파트 분배를 마친 후, 가이드 녹음을 했다.

 녹음을 마치고 난 후, 함께 모니터링을 했다. 프로와 아마추어의 실력 차이가 적나라하게 드러났다.

 나는 자신감이 떨어진 표정을 숨길 수가 없었다. 정인 언니는 내 보컬이 디테일이 너무 없는 것 같다며 그냥 노래방에서 취미로 부르는 느낌이라고 했다. 내가 주의 깊게 들었어야 할 디테일 부족이라는 지적보다 노래방이라는 말에 꽂혀 집으로 돌아가는 내내 그 생각을 떨칠 수가 없었다. 얼마 남지 않은 시간 동안 나의 애매한 보컬적인 부분을 조금이라도 변화시킬 수 있을지 걱정스러웠다. 그렇다고 마냥 걱정만 할 순 없었다. 합주가 바로 다음 날이었고, 녹화는 3일밖에 안 남았기 때문이었다. 최대한 더 연구하고 연습해야 했다.

부끄러운 이야기이지만, 사실 대학 입시 준비 이후로 거의 5년이 넘는 시간 동안 노래 연습을 제대로 한 적이 없었다. 아니, 아예 없다. 오로지 대학에 붙기 위한 일념으로 입시 곡만 미친 듯이 연습했던 터라 그 곡에만 최적화되어 있었다. 돌이켜보면, 그 후로 나는 노래의 멜로디만 어설프게 외워 흥얼거렸고, 겉멋만 가득한 채 음악에 대한 존중은 전혀 없었다.

내 인생에 찾아온 천금 같은 기회 앞에서 울고불고 방방 뛰며 기뻐했지만, 막상 노래에 대한 준비가 전혀 되어 있지 않은 나 자신을 마주하니 한심하기만 했다.

1시간 넘게 가이드만 들으며 집에 도착했다. 나는 입시 때 구매했던 먼지 쌓인 노트를 꺼내 책상에 앉았다. '그대는 눈물겹다'의 가사를 먼저 손으로 쭉 써 내려갔다. 그리고 제목을 적은 상단의 빈 공간에 떠오르는 생각들을 하나씩 적어보았다.

> 기억, 여운이 남는 무대 만들기, 가사 전달, 호흡 주의, 순위 생각 No, 노래 주제 생각, 고음부 앞으로 붙이기, 감정 절제 그리고 말하

듯이, 노래 여정 생각, 오버 금지, 정인 언니만 믿고 떨지 않기, 노래 부르는 중간에 울지 않기, 최고의 기회 망치지 않기, 초집중, Amen.

거기다 하나하나 별표를 그려줬다. 가사 안에 담겨있는 내용, 그리고 내가 생각한 해석을 가사 밑에 계속 풀어서 적으며 계속 마음으로 가사를 읽으려 노력했다. 노래의 기술적인 부분은 그다음 문제라는 생각이 들었다.

감정 연구가 끝난 후, 다음 페이지에 똑같은 가사를 새로 썼다. 내 가이드를 들으며 내가 내는 소리의 문제점, 발음, 호흡, 박자, 강약 조절 등 미흡한 부분들을 세세하게 체크하며 가이드와 원곡을 번갈아 들으며 카피를 반복했다. 그렇게 집에서 연구한 방향대로 다음 날 듀엣가요제 팀 합주에 참석했다.

한 날에 모든 출연팀이 합주를 진행해야 했기에 팀마다 주어진 합주 시간은 그리 길지 않은 30분 정도의 시간이 전부였다. 합주실에 도착하니 제작진과 카메라 감독님, 악기 연주자분들 등 꽤 많은 인원이 그곳에 있었다. 들어가자마자 주눅이 들었다.

합주하는 모습이 방송에 송출될 수도 있어서 마이크를 채우고 바로 합주에 들어갔다.

대학교 합주 때는 느껴보지 못했던 프로 세션의 사운드에 완전히 압도돼, 정말 미친 듯이 가슴이 두근거렸다.

몇 번 불러보면서 합을 맞추고 난 뒤, 제작진과 정인 언니는 별다른 피드백 없이 녹화 때 보자는 인사를 끝으로 합주는 허무하게 끝이 났다.

집에 도착한 후 오후 늦게 작가에게서 합주 실황이 녹음된 라이브 파일과 악기 세션만 녹음된 MR 파일을 전달받았다.

나는 녹음된 파일을 듣고 다시 책상에 앉았다. 다시 한번 가사를 적으며 나에 대한 문제점을 하나도 빠짐없이 노트가 닳도록 적고 또 적었다.

나는 녹화 전날까지도 혼자 연습실에 나가 합주 MR을 틀고 정인 언니의 파트까지 부르며, 몸과 마음으로 노래를 체화하려 애썼다. 그렇게 핸드폰 녹음기로 내 목소리를 모니터하고, 보컬을 더욱 섬세하게 다듬어갔다.

드디어 녹화 당일 아침이 밝았다. 일이 없어서 거의 매일 늦게까지 자고 일어나는 게 일상이었는데, 알람을 듣지 않고도 눈이 번쩍 뜨였다. 따뜻한 물로 몸을 풀어주고 가습기를 챙겨서 MBC 상암 방송국으로 갔다.

  모든 게 다 신기했다.
  녹화 당일이라 그런지 모든 제작진과 스태프들이 엄청 분주했다. 본 녹화에 앞서 사전 리허설, 런 스루 리허설, 카메라 리허설 이렇게 약 3번의 리허설이 이어졌다.
  카메라 리허설 전까지는 편한 옷차림으로 악기 세션 팀과 리허설을 이어갔다.
  카메라 리허설을 앞두고 헤어, 메이크업, 의상까지 모두 갖춘 채 다시 스튜디오 무대에 올랐다. 실제 녹화하는 것처럼 스튜디오에 있는 여러 대의 카메라가 돌아가기 시작했다.
  정인 언니와 나는 스크린 뒤에서 대기하고 있었다. 카메라가 돌아가기 시작하자 녹화가 가까워졌다는 생각에 갑자기 긴장이 되었다. 리허설을 어떻게 마쳤는지 하나도 기억나지 않았다.
  모든 출연진 리허설이 끝나고 녹화만을 기다리고 있었

다. 대기 시간이 무척 길었다.

녹화 시간이 다가오자, 목이 점점 타들어 가서 물만 내내 들이켰다.

드디어 녹화가 시작되자 가수 출연진은 먼저 입장을 해야 해서 정인 언니는 스튜디오로 나갔고, 나는 혼자 대기실에서 MR을 켜 놓고 계속 목을 풀었다.

시간이 한참 지나고, 대기실을 노크하는 소리가 들렸다. 곧 무대에 오를 차례라는 전달을 받고, 제작진과 함께 엘리베이터를 타고 스튜디오로 내려갔다.

무선 마이크와 인이어를 음향 감독님에게서 건네받고, 안내해 주시는 곳으로 이동했다.

도착하니, 정인 언니가 인이어를 착용하며 무대에 오를 준비를 하고 있었다. 스튜디오 안에서는 정인 언니와 김경호 가수가 우리 집을 찾았던 날의 영상, 듀엣 곡을 선택하던 순간, 그리고 그날의 내 인터뷰 장면이 편집되어 스크린에 흐르고 있었다.

드디어 스크린 문이 열렸다. 정인 언니와 포옹을 나누고 앞을 바라보며 계단을 내려가던 순간, 리허설에서는 느낄 수 없었던 낯선 공기와 생생한 무대의 분위기에 정신이 아득해졌다.

청중평가단은 500명이었고, 참가자 초대석도 있었기 때문에 실제로는 더 많은 사람이 객석에 있었다. 모든 것에 다 압도된 기분이 들었다.

"듀엣가요제 정인 팀의 듀엣 무대를 시작합니다. 카운트다운 스타트!"

MC 성시경의 멘트가 끝나자, 스크린의 숫자는 점점 줄어들었다. 5, 4, 3, 2, 1.

인트로 연주가 흘러나왔다. 긴장된 마음에 집중이 잘되지 않아 고개를 들자, 하필 바라본 카메라에 빨간 녹화 불이 들어오는 걸 보고 놀라서 고개를 숙였다. 정인 언니의 첫 소절이 내 인이어를 통해서 흘러나오자 나도 모르게 음악에 금세 빠져들어 갔다. 도입부의 정인 언니 파트가 끝나고, 이제 내가 부를 차례였다.

현장에서 내가 어떻게 불렀는지, 그날 무대가 끝나고도 아무런 기억이 나지 않았다. 오로지 나 그리고 정인 언니만 믿고 4분을 버텼다. 노래가 절정에 치닫고 노래가 거의 끝나갈 무렵, 관객들이 갑자기 환호했다. 정인 언니와 나의 무대가 앞서 왕좌의 자리를 지키고 있던 김필 팀 421점을 432점으로 역전한 것이다. 나는 현장 모니터와 같이 듣기 위해 한쪽에만 인이어를 착용한 상태라 관객의 환호 소리가 엄청나게 크게 들렸다.

마지막 소절을 앞두고 정말 많은 장면이 빠르게 스쳐 지나갔다. 오직 이 4분을 위해 그동안 수차례 지원하며 도전했던 순간, 어느 때보다 진지하게 연습하고 연구했던 시간, 현장에서 내 무대를 바라보는 가족, 그리고 생각하지도 않았던 역전까지…. 북받쳐 오르는 감정을 꾹꾹 누르고 겨우 마지막 소절을 불렀다.

서서 환호하는 사람들, 눈물을 훔치는 관객들… 어느새 현장은 박수 소리로 꽉 찼다.

역전의 기쁨보다는, 내 마음이 관객에게 전해졌다는 사실에 진심으로 감사하며 90도 인사를 드렸다.

노래가 끝나자, MC 세 분이 무대로 나와서 인터뷰를 진행했다.

갑자기 성시경 님이 백지영 님을 보고 놀라며 "왜 우세요?"라고 물었다. 그 말을 듣고 나도 깜짝 놀라 백지영 님을 바라보았다. 백지영 님은 "가수로서 저런 마음으로 노래를 부른 게 몇 번이나 될까"라고 말하며 눈물을 닦으셨다. 그 말을 듣자, 문득 과거의 내 모습이 떠올랐다.

매번 무대에 설 때마다 진심을 담아 노래하는 것이 쉽지 않다는 것을 잘 알고 있다. 가수로서 무대에 오른 적은 없지만, 지금껏 다양한 무대를 경험하면서 오늘처럼 노래를 부른 건 처음인 것 같다. 백지영 님의 눈물이 그것을 말해준 것 같았다.

인터뷰가 끝난 후, 첫 무대에서 생각지도 못한 왕좌의 자리에 정인 언니와 나란히 앉게 되었다. 정말 모든 상황이 꿈만 같았다. 그렇지만 우리 다음으로 김경호, 김윤아 두 팀의 무대가 남아 있었다.

사람 마음이 참 신기한 게 그 자리에 앉아 있는 것만으로도 행복했지만, 솔직히 남은 두 팀에게 이 자리를 빼앗기고 싶지 않았다.

이유는 하나였다. 왕좌의 자리를 지키고 최종 우승을 하면, 다음 회차 경연 무대에 또 오를 기회가 주어지기 때문이었다. 남은 팀의 무대를 나름 즐기고 있었지만, 어느새 내 눈은 자꾸 점수판으로 향하고 있었다.

안타깝게도 마지막 무대였던 김윤아 팀이 441점으로 역전하여 최종 우승을 차지했다.

아쉬움이 컸지만, '다시 보고 싶은 듀엣'이라는 특별한 기회가 남아 있었다. 다들 청중평가단의 마음을 사로잡기 위해 애썼다. 방송에선 편집되었지만, 나도 EXO의 '으르렁'에 맞춰 춤까지 추며 열렬히 어필했다.

투표가 끝난 후 바로 스크린을 통해 결과를 확인할 수 있었다. 가장 많은 표를 얻은 팀으로 정인 언니와 내가 화면에 나왔다. 한 번 방송에 나오는 것도 그렇게 어려웠는데, 다시 또 출연 기회를 얻어 사람들 앞에서 내 노래를 들려줄 수 있다는 사실이 정말 너무도 기뻤다.

## 새로운 파트너, 한동근

 첫 경연 녹화를 마무리하고 인터뷰 촬영이 있다고 해서 대기실로 들어갔다. 뒤따라 제작진 두 분이 문을 열고 들어오더니 심상치 않은 표정으로 정인 언니와 긴밀히 대화를 나누었다.

 정인 언니가 임신한 상태이고, 임신 초기라 조심해야 해서 다음 경연 준비를 할 수 있을지 확정할 수 없다는 얘기였다.

 아쉽게도 정인 언니와의 듀엣을 끝낼 수밖에 없었다. 그렇게 정인 언니와의 첫 무대가 마지막 무대가 되었다. 임신한 상태에서 매우 힘들었을 텐데, 언니와 듀엣을 할 수 있었음에 지금까지도 영광스럽고 감사하다.

나는 '다시 보고 싶은 듀엣'으로 뽑혔어도 다음 경연 출연 여부를 알 수 없는 애매한 상황이 되었다.

제작진은 회의를 거쳐 다시 연락을 주겠다고 했다. 같이 팀을 이뤘던 가수가 갑자기 하차해서 제작진도 곤란한 상황인 듯 보였다. 녹화가 끝난 그날부터 나는 하루하루 마음을 졸이며 제작진 연락만 기다리고 있었다.

내가 녹화한 방송이 방영된 지 대략 나흘쯤 지난 어느 날이었다. 가족끼리 점심을 먹고 있는데, 내 핸드폰 진동이 울렸다. 듀엣가요제 작가분이었다.

발신자를 다시 한번 확인한 뒤, 숨이 턱 막힐 만큼 떨리는 마음으로 전화를 받았다. 부모님도 긴장하셨는지, 수저를 내려놓고 식사를 멈추셨다.

제작진은 먼저 정말 오랜 시간 회의를 했다는 얘기를 꺼냈다. 방송의 룰에 따라 '다시 보고 싶은 듀엣'에서 가장 높은 득표수를 얻어서 자동으로 출연이 확정된 상태였고, 제작진으로서도 아쉬운 마음이 들어 새로운 가수와 팀을 이뤄서 출연 결정을 내렸다고 했다.

새로운 가수는 MBC 오디션 프로그램이었던 '위대한

탄생 3' 우승자, 한동근 씨였다. 기억을 떠올려보니 위대한 탄생 3 방영 시, 엄마가 정말 잘한다고 칭찬했던 사람이었다.

출연이 확정됐다는 소식은 반가웠지만, 솔직히 그 가수에 대해 잘 몰랐던 터라, 내 반응은 어쩐지 무미건조했다.

작가는 한동근 가수에게도 내 영상을 이미 보여주었다고 말하더니, "서로 마음에 안 들어 하네. 둘이 잘해봐."라는 말을 남기고는 웃으며 전화를 끊었다.

한동근 가수를 처음 대면하는 날이었다. 소속사가 선릉역 근처에 있다고 하여 그곳으로 찾아갔다. 한동근 가수와는 사전에 유선으로 얘기를 나누고 선곡은 거의 하루 만에 결정이 났다.

처음 만나게 된 날이라, 연습보다 서로 대화를 더 많이 주고받았다. 그는 위대한 탄생 오디션 이후 소속사와 계약하고 앨범을 냈지만, 노래가 많이 알려지지 않아 일이 거의 없다고 했다. 그래서 다른 일을 해야 하나 진지하게 생각하고 있다며 자신의 고민을 털어놓았다.

나는 정식으로 소속사에 소속되어 데뷔한 가수가 아

니었기에 그의 모든 고충을 완전히 이해할 수는 없었다. 하지만 나 역시 내가 선택한 노래로 어떤 길을 걸어가야 할지에 대한 현실적인 고민 속에 있었기에, 왠지 모를 공감대가 느껴졌다.

서로 상황은 다르지만, 노래를 향한 불안과 진심은 닮아 있었다. 그래서인지 듀엣가요제 무대는 두 사람 모두에게 너무나도 간절했다.

합주 전과 녹화 전까지 거의 매일 선릉에 있는 소속사 연습실로 가서 함께 맞추고 또 맞췄다. 듀엣 연습이 끝나면 집으로 가는 길 내내 녹음했던 파일을 들었고, 바로 집 근처 연습실로 가서 개인적으로 부족한 부분을 채웠다. 솔직히, 정인 언니와 할 때보다 더 많이 연습했다.

첫 방송을 시청하면서 듀엣가요제 홈페이지의 실시간 톡과 무대 클립 영상의 댓글을 전부 다 확인했다. 좋은 댓글도 많았지만, 유독 부정적인 댓글이 머릿속을 맴돌았다.

처음으로 대중의 평가를 직접 마주했기에, 부정적인 이야기들이 예상보다 깊게 마음에 스며들었다. 그러나 곧 그 모든 것에 감사하며 더욱 열심히 연습에 매달렸다. 첫 무대와 달리, 이번에는 뿌리 염색도 새롭게 하고, 체중도 조금 줄였다.

정신없이 연습하고 지내다 보니 새로운 파트너 가수와의 첫 경연 녹화 당일이 되었다.

합주 때 음악감독님과 제작진 모두가 이번 선곡과 한동근 씨와의 호흡이 매우 좋다며 칭찬해 주셔서, 내심 이번 무대에 대한 기대가 더 커졌다.

이번 경연의 선곡은 자우림의 '스물다섯, 스물하나'라는 곡이었다. '영원할 줄 알았던 스물다섯, 스물하나'라는 가사에 지나온 나의 모든 시간이 담겨있는 듯했다.

그리워도 돌아갈 수 없는 그날, 그 시간. 이 무대 또한 시간이 흘러 그렇게 될 거라는 생각에 담담하고 차분한 감정으로 노래를 불렀다. 모두가 한 번쯤 그리워했을 시절을 노래로써 안아드리고 싶은 마음에, 객석에 계신 한 분 한 분을 최대한 바라보며 불렀다.

우리는 노래가 끝나기도 전에 452점이라는 높은 점수

로 역전을 했다.

무대가 끝나자, MC분들이 소름 가요제라며 소름 돋은 팔을 보여주었다. 패널들도 놀란 표정으로 모두 기립하여 큰 박수를 보내주었다. 왕좌의 자리에 앉아 있던 S.E.S 바다 씨가 그렁그렁한 눈으로 나를 바라보며 최근 본 여자 후배 중에 제일 잘했다는 얘기를 해주었고, 나는 생각지도 못한 얘기에 순식간에 눈물이 차올랐다.

이런 무대에서 노래를 부를 수 있음에 감사했고, 포기하지 않고 노래하길 참 잘했다는 생각이 스쳐 지나갔다.

무대를 보고 깊이 감동할 수 있다는 게 참 어려운 일이라는 걸 잘 알고 있다. 그래서일까, 그날 받은 높은 점수보다 우리의 노래에 진심으로 감동한 사람들이 보여준 표정과 말들이 나에게는 더 크게 다가왔다.

8년이 지난 지금도 우리가 경연에서 불렀던 듀엣 버전을 많은 분들이 커버해 주고, 버스킹 공연에서도 불러줄 만큼 꾸준히 사랑해 주신다.

비록 정식으로 발매된 곡은 아니지만, 그럴 때마다 여전히 감사하고, 어쩐지 신기한 마음이 든다.

'스물다섯, 스물하나' 무대에서의 첫 우승을 시작으로, 나는 총 12번의 듀엣 무대에 올랐고, 5회의 우승과 함께 명예의 전당, 왕중왕전 우승, 연말 가요 대제전 무대까지 경험했다. 2016년은 내 인생에 영화보다 더 영화 같은 기적으로 새겨져 있다.

# 03

# 청춘이라는 이름의 파노라마

## 물거품이 된 나의 꿈

 듀엣가요제 방송 이후, 나에게는 참으로 다양한 일들이 찾아왔다.

 방송이 끝난 직후, 나는 그렇게 갈망하던 신생 기획사와 계약을 맺었다. 몇몇 소속사와 미팅을 가졌지만, 무엇보다 나에 대한 진심이 느껴졌던 사람은 뮤지컬 공연 기획을 전문으로 맡았던 한 회사의 대표였다. 그는 내가 출연했던 듀엣가요제 방송을 통해 모든 무대를 감동적으로 지켜봤고, 유튜브에 있는 내 노래를 샤워할 때 틀어 놓을 만큼 계속 듣고 싶다고 했다.

 그는 나를 알게 된 후, 함께 일해보고 싶다는 생각이 들어 엔터테인먼트 분야로 사업을 전향할 계획이라고 했다. 또 나를 회사의 첫 아티스트로 영입해 함께 회사를 키워가고 싶다는 뜻도 전했다.

첫 아티스트라는 점도 긍정적으로 다가왔지만, 무엇보다 내 무대를 전부 보고 연락을 주셨다는 말에서 좋은 인상을 받았다.

듀엣가요제라는 방송에서 보여준 모습을 발판 삼아, 회사와 함께라면 대중에게 한 걸음 더 다가갈 수 있는 계기가 될 거라는 생각이 들었다. 내가 그토록 열망했던 가수의 꿈이 본격적으로 열리는구나 싶었다. 그렇게 나는 짧은 고민 끝에 계약을 하기로 결정했다.

계약했던 회사와 데뷔곡을 논의하면서 여러 곡을 받았고, 곧 솔로로서 첫 앨범을 발매하게 될 거라는 생각에 큰 기대와 설렘으로 가득 차 있었다. 하지만 상황은 기대와 달리 흘러가고 있었다.

발매 시기가 기약 없이 미뤄졌다. 방송으로 나를 알렸던 기회를 살리지 못한 채 생각한 것과는 다른 방향으로 흘러가는 것 같아 내 마음은 매일 힘들고 답답했다.

아무것도 해보지 못한 채 그냥 자연스레 잊히는 것에

대한 두려움이 커졌다. 그렇게 아무런 곡도 발표하지 못한 채 걱정과 불안으로 시간만 흘려보냈다.

어느새 1년이란 시간이 지났고, 대표님과도 오랜 시간 연락이 닿지 않았다.

갑자기 불안한 낌새를 느끼던 어느 날, 집으로 내용증명서 한 장이 도착했다. 회사가 지원해 준 숙소에서 빨리 퇴거하라는 요청이 적혀 있었다.

그 당시 소속 회사의 내부에 심각한 사태가 벌어졌고, 앞으로 남은 계약을 이어 나갈 수 없는 상황에 맞닥뜨렸다. 영문도 모른 채 엄마와 함께 급하게 이사 갈 집을 찾아다녔다.

나의 꿈이 모두 물거품이 되었음을 직감했다. 하지만 마냥 우울함 속에 빠져 있을 수만은 없었다. 나를 응원해 주시는 분들이 있었기 때문이었다. 방송에 나온 이후, 나의 목소리를 들어주시는 분들이 훨씬 많아졌고, 나와 나의 미래를 응원하는 팬들도 생겼다. 그들은 나를 움직이게 했고, 나는 블리쉬 녹턴의 새로운 앨범과 공연은 물론, 솔로 앨범까지 혼자 발매하기로 마음먹고 계획을 세웠다.

## 첫 해외 공연

회사의 계약이 정리되던 즈음, 인도네시아에 있는 삼성전자 법인의 부회장님에게서 뜻밖의 연락이 왔다. 삼성이라니…. 살아오면서 나와는 전혀 인연이 없던 곳이라, 더욱 의아하게 느껴졌다. 부회장님은 듀엣가요제 방송을 보시고 큰 감동을 받았다며, 인도네시아 교민들을 위한 자선 공연과 '상공인의 밤'이라는 대규모 행사에 나를 초청 가수로 불러주셨다.

나에게는 첫 해외 행사였다. 엄마도 매니저 자격으로 같이 가게 되었다. 뜻밖의 연락에 나는 좋기도 하면서 정말 얼떨떨했다. 노래의 힘이 어마어마하다는 것을 그때 새삼 깨닫게 되었다. 그 행사로 인해 비행기 비즈니스석도 처음 타보고, 도착해서도 정말 귀빈 대접을 받았다. 그런 경험이 처음이라 모든 게 어색했다.

첫 행사는 단독 자선 공연이었다.

리허설을 하며 공연장을 둘러보니, 생각보다 훨씬 넓은 홀이었다. 과연 사람들이 보러 와줄까, 하는 걱정이 먼저 들었다.

다른 나라에 와서 이렇게 노래를 부를 수 있다는 것만으로도 영광스러운 자리였다. 공연이 시작되기 5분 전, 나에 관련된 홍보 영상이 스크린을 통해서 송출되자 사람들의 웅성거림이 들리기 시작했다.

인도네시아에서의 첫 단독 무대. 긴장한 마음으로 무대로 향했다.

넓은 객석은 대부분 차 있었고, 인도네시아의 어느 방송국에서도 촬영을 나왔다.

내가 준비한 여러 노래, 인도네시아에 계신 교민과 듀엣 무대, 인도네시아 현지 팬분과 소통의 시간, 한국과 미국에서 나를 응원하기 위해 인도네시아까지 오셔서 내 얼굴의 현수막을 들고 계셨던 나의 팬분들 그리고 사인회까지…. 하나하나가 놀라움의 연속이었고, 매 순간이 감동이었다. 그렇게 내 인생 첫 해외 공연을 무사히 마쳤다.

공연을 마친 후, 나를 초대해 주신 부회장님이 여러 관계자분과 멀리서 오신 팬분들까지 함께할 수 있는 식사 자리를 마련해주셨다.

그렇게 즐거운 분위기를 이어가던 중, 한 관계자분이 나를 보며 한 마디를 건네셨다.

"효인 씨, 혹시 오늘 컨디션이 안 좋았어요? 아니면 내일 행사 때문에 아끼느라 기량을 다 발휘 못 한 거죠?"

팬분들도 있는 자리에서 그 말을 들은 나는, "아… 네." 하고 어색하게 웃으며 대답했지만, 음식이 입으로 넘어가지 않았다.

식사를 마친 후 숙소에 도착해서도 그 말이 계속 머릿속에 맴돌았다. 오늘 내가 한 무대가 어땠는지 여러 차례 엄마에게 물어보며 기억을 복기했다. 그러다 나는 깨달았다. 첫 해외 행사로 붕 뜬 마음이 노래에도 스며있었다는걸.

너무 부끄러웠다. 다음 날 행사는 생각지도 못한 채, 새벽에 겨우 잠이 들었다.

상공인의 밤 행사 당일, 잠을 설쳐 피곤한 얼굴로 리허설에 참석했다.

행사장은 여러 관계자들로 분주했다. 식사하며 공연을 관람하는 방식이라 현지 조리사와 서버들도 많았다. 나는 리허설을 진행하는 도중 컨디션이 그렇게 좋지 않아서 실제 행사 때 힘을 비축하기 위해 설렁설렁 노래를 불렀다. 그런 모습을 지켜보던 한 관계자가 현장에서 내 노래를 지적했고, 나는 몹시 당황했다.

불편한 감정으로 리허설을 마무리하고, 본 행사 무대에 섰다.

행사장은 마치 호텔 결혼식장을 연상시켰다. 많은 원형 테이블은 꽉 찼고, 현지 서버들은 줄을 길게 서서 한 손에 음식과 술을 들고 사람들의 자리마다 서빙했다. 처음 보는 광경이었다. 사람들은 공연보다 음식을 먹으며 옆 사람과 대화를 나누는 데 바빴고, 나를 온전히 집중해서 바라보는 사람은 오직 엄마, 그리고 팬분들뿐이었다.

그렇게 노래를 부르다가 문득 아빠 생각이 났다. 앉아 있는 사람들 대부분이 아빠의 연령대와 비슷해 보였다.

나는 부모님과 함께 여태 고급스러운 레스토랑에서 식사 한번 해본 적이 없다는 생각에 마음이 울컥했다. 나는 눈을 감고 부모님을 생각하며 김광석의 '사랑했지만'을 불렀다.

처음에는 식사에 집중하던 사람들이 점점 내 무대에 관심을 보이기 시작했고, 나는 마음을 다해 다음 곡을 이어 나갔다.

다양한 선곡으로 분위기가 고조되었다. 사람들은 머리 위로 손뼉을 치며 뜨거운 호응을 보냈고, 급기야 예상치 못한 앙코르 요청까지 이어졌다.

앙코르를 미처 준비하지 못해 당황한 나는 무대를 마치려 했지만, 갑자기 아빠가 좋아하던 박상철의 '무조건'이 떠올랐다. 무반주로 '무조건'을 부르고, 무대에서 내려왔다. 그때, 나를 지적했던 관계자가 찾아와 '지금까지 이곳에서 여러 행사를 주최했지만, 이런 반응은 처음이다.'라며 나를 향해 엄지손가락을 치켜세웠다.

엄지척으로 마무리된 첫 해외 행사, 팬들과 가까이 마주하며 행복했던 시간을 함께 나누었던 순간을 나는 아직도 그리워한다.

## 파노라마




 믿고 계약했던 소속사와 그렇게 된 이후, 다시 혼자가 되었다. 갑작스러운 일이었지만, 마음은 오히려 잠잠했다.

 내가 새로운 소속사를 만나게 된 소식을 누구보다 기뻐한 건 나의 팬이었다. 그 당시에 이러한 상황을 전혀 알 수 없는 팬들은 그저 기다리는 게 일이었을 것이다. 그분들이 주신 사랑에 보답할 길은 사실 노래뿐이었다. 그래서 온전히 그분들을 위해 블리쉬 녹턴의 이름으로 먼저 공연을 열고 앨범을 발매했다. 솔로로서 앨범이 없던 나는, 공연을 할 명분이 없었기 때문이다.

 3일 동안 공연을 하며 많은 팬분들과 대면했다. 노래

를 부르고, 웃으며 이야기를 나누는 시간이 참 행복했다. 하지만 마음 한편으로는 죄송한 마음이 컸다.

늘 응원과 사랑을 받으면서도, 방송 이후 제대로 된 활동 모습을 보여 드린 적이 없다는 생각이 들었다.

공연장에서 얼굴을 직접 마주하니, 잠잠했던 감정들이 한꺼번에 휘몰아쳤다.

그래서 솔로 앨범을 얼른 계획해야겠다는 마음이 들었다.

동생이 고등학생 때 썼던 노래 중에 내가 가장 아끼는 노래가 있었다.

제목은 '파노라마'.

곡의 분위기는 무척이나 어두웠고, 모든 감정이 소용돌이치는 듯한 기분이 들었다.

가사를 떠나 피아노 연주만 들었을 때는 마치 그 곡이 그때 처한 내 모습과 닮았다고 느껴져서 무조건 발매하고 싶다는 욕심이 생겼다. 그러나 당장 앨범을 제작할 돈이 없었다.

방송 이전에는 다양한 아르바이트를 많이 했지만, 이

후에는 아르바이트하는 것에 대한 용기가 쉽게 나지 않았다. 아무래도 방송으로 얼굴이 조금 알려진 상황이 부담스럽게 느껴졌기 때문이었다. 그렇지만 기다리는 나의 팬과 '파노라마'를 발매하기 위해 뭔들 못하겠냐는 생각에 채용 정보를 열심히 검색했다. 그러다 쇼핑몰 보안 대원 모집 공고가 눈에 들어왔다. 주 5일 근무에, 시간은 오후 2시부터 11시까지였다. 다행히 지원하자마자 면접 연락이 왔다.

음악을 좋아하는 면접관은 내가 졸업한 학교에 관심을 보였고, 자연스레 면접 분위기도 좋게 흘러갔다. 그렇게 무난하게 면접을 마친 다음 날 바로 채용 연락이 왔고, 경비 교육을 거쳐 곧바로 현장에 투입됐다.

보안 대원 특성상 검은 정장에 검은 구두를 신어야 했고, 무전기도 항상 착용해야 했다. 생전 처음 겪어보는 일에 잔뜩 긴장한 나는, 다음 날 근육통까지 올 정도로 온몸이 굳은 채로 일을 했다. 예전엔 쇼핑몰에서 보안 대원을 볼 때마다, 그냥 내부를 돌아다니며 주변을 살피는 단순한 일이라고 생각했다. 그런데 막상 직접 해보니, 결코 만만한 일이 아니었다.

전체 매장의 이름과 위치도 외워야 했고, 차량도 하나하나 확인해야 했다. 매장 전체를 순찰하며 하루에 거의 3만 보 가까이 걸었다. 집에 오면 발이 퉁퉁 부어있었고, 신발이 닿는 곳마다 물집투성이였다.

자기 전에 밴드를 뜯어 물집 상처에 붙이다가 갑자기 부모님이 머릿속에 떠올랐다. 일이 계속 잘 안 풀리면서 엄마와의 갈등이 심해졌던 때였다. 소속사 문제부터 내게 일어난 모든 일이, 처음부터 '노래'라는 잘못된 선택을 했기 때문에 벌어진 일처럼 느껴져 마음이 무거웠다. 무엇보다 나 때문에 속상해하는 부모님의 마음이 이곳저곳 터져버린 물집보다 훨씬 더 아팠을 거란 생각이 들었다. 그 순간 많은 감정이 한꺼번에 밀려왔고, 결국 다음 날 출근을 앞두고 눈이 퉁퉁 붓도록 울고 말았다.

나는 몇 개월 동안 근무하며 열심히 돈을 모았고, 그렇게 받은 급여를 전부 '파노라마' 제작비에 쏟아부었다. 앨범 디자인부터 시작해 녹음 과정을 거치고, 처음으로 뮤직비디오와 기념 CD까지 제작하며 하나부터 열까지 온전히 내 마음에 드는 작업을 마쳤다. 다시 새로운 시작이라고 생각했다. 2018년 11월 16일, 우여곡절 끝에 나온 '파노라마'는 나의 첫 솔로 데뷔곡이자, 지금까지도 내가 가장 사랑하는 노래다.

쇼핑몰에서 근무하며 나를 알아봤던 다른 구역의 보안 대원, 팬이라며 다가와 준 매장 직원의 편지와 선물, 퇴사하기 전 남겼던 사인, 그 일을 계기로 발매할 수 있었던 노래. 그 모든 순간이 아주 길게 펼쳐진 파노라마처럼 하염없이 느껴졌지만, 지금은 아주 길게 엮어진 파노라마 속 소중한 한 장면으로 내게 남아 있다.

## 시련의 계절

 초등학생 때, 가족 여행을 가는 날이었다. 짐이 많아서 부모님을 도와드리고자 무거운 가방을 허리로 번쩍 들어 올렸다. 부모님이 무겁다고 말리셨지만, 나는 그 말이 끝나기도 전에 이 정도 무게는 끄떡없다면서 쓸데없는 힘자랑을 했다. 어린 나이에도 그때 느꼈던 허리의 찌릿함은 지금까지도 기억이 생생하다. 그 후로 나도 모르는 사이에 허리가 조금씩 안 좋아지기 시작한 것 같다.

 대학교를 졸업하고 거의 집에 있는 시간이 많았을 때 체중도 자연스레 늘면서 책상 앞에 하염없이 앉아 있거나, 좌식 생활을 많이 했다. 그 당시에는 그런 생활이 허리에 무리가 된다는 사실을 전혀 몰랐고, 관심도 없었다. 그렇게 시간이 지날수록 내 허리는 점점 악화되고 있었다.

듀엣가요제 녹화할 당시에도 오래 앉아 있어 허리가 불편했지만, 그냥 대수롭지 않게 여겼다.

마트에 근무하면서 아침에 문밖에 내어놓는 대형 진열대, 두루마리 휴지 묶음, 그리고 술 박스 등 무거운 물건을 들 일이 잦았다.

마트에는 오전과 오후 근무자가 나뉘어져 있었는데, 오후에는 무거운 짐을 들 일이 더 많아서 대부분 남성 근무자를 채용했다.

내가 근무한 2년이 넘는 시간 동안, 오후 근무자가 자주 바뀌었다. 근무자가 채용되지 않을 때면, 사장님은 매일은 아니더라도 오후 근무자가 채용될 때까지 주 2~3회 정도 시장에 다녀오시는 날에 오후 근무를 부탁하셨다.

나는 정해진 퇴근 시간에 버스를 타고 집에 갔다가, 사장님이 시장에 다녀오시는 시간에 맞춰 다시 출근하는 일을 반복했다. 왕복 50분 거리라 번거로운 일이었지만, 오후 근무자가 빠른 시일 내에 채용되길 바라며 좋은 마음으로 도와드리기로 했다.

내가 일했던 마트는 노부부가 운영하셨다. 조금 인적이 드문 곳이라 판매가 더딘 물건들이나 자주 팔리는 식품은 직접 시장에 나가서 떼 오셨다. 시장에 다녀오시면 SUV 앞좌석, 뒷좌석, 트렁크까지 다양한 크기의 짐이 빼곡히 쌓여있었다.

 사장님과 사모님, 그리고 나까지 트렁크에 올라타서 낮은 자세로 정신없이 짐을 내렸다. 시장에서 떼어 오시는 물건들 대부분은 너무 많아서 다 기재할 수는 없지만, 설탕, 간장, 멸치액젓 등 무거운 물건이 대다수였다.

 여러 물건이 든 박스를 마트 바깥쪽에 한 줄로 쭉 놓으면, 사장님께서 제대로 물건이 들어왔는지 검수하셨다. 검수가 끝나면 모든 물건을 다시 마트 안으로 들고 들어가 제자리를 찾아 진열했다. 그렇게 근무자가 구해지지 않아 거의 며칠씩, 두 달 가까운 시간 동안 오후 근무를 도왔다.

 그러던 어느 날, 허리 통증이 살짝 있어서 찜질을 하고 파스를 붙인 후에 잠이 들었다.

 출근 알람을 듣고 잠에서 깼다. 그런데 몸을 일으키려고 하니 몸이 움직이지 않았다. 나는 당황한 채, '갑자기 몸이 왜 이러지?'라는 생각과 함께 '마트 오픈은 어떻게 하지?'라는 걱정이 동시에 밀려왔다. 허리 쪽 신경이 눌리게 되면 다리까지 통증이 전해지는 하지 방사통 증상도 심해졌다. 다리가 극심하게 쪼이는 느낌이 들면서 살짝 움직이는 것도 힘들었다.

옆으로 살며시 몸을 돌려 천천히 매트리스를 짚고 발을 먼저 디딘 후, 팔의 힘으로 겨우 일어났다. 하지만 걷는 것조차 힘들어 도저히 출근은 무리라는 판단이 들었다.

출근을 한 시간 앞두고, 허리 통증으로 인해 도저히 근무할 수 없을 것 같다고 사장님께 말씀드렸다. 전화를 끊고, 물을 마시기 위해 집에 있는 긴 밀대를 목발 삼아 붙잡고 작은 보폭으로 엉금엉금 냉장고 앞으로 걸어갔다. 그런데 갑자기 허리 쪽이 찌릿하며, 발끝에서 머리까지 신경이 흐려지더니 식은땀이 줄줄 났다. 곧바로 쓰러질 것 같아 너무 무서웠다.

옷장 구석에서 겨우 복대를 찾아 착용한 뒤, 다시 침대에 누웠다.

아무것도 할 수가 없었다. 집에는 나 혼자 있었고, 이러한 상황을 멀리 계시는 부모님께 말할 수도 없었다.

나는 친구 정아한테 전화를 걸었다. 친구는 지하철로 거의 1시간 거리에 살고 있었는데, 전화를 끊자마자 바로 출발해서 우리 집으로 와주었다.

도보로 15분 정도 걸리는 신경외과로 가기 위해 집을 나섰다. 정아는 택시나 버스를 타고 빨리 가자고 했지만, 나는 통증이 너무 심해 택시 좌석에 앉는 것도 힘들었고, 버스는 서 있을 수는 있었지만 흔들림을 견딜 자신이 없었다. 결국 부축을 받으며 병원에 도착하는 데 한 시간이 걸렸다.

진통제 주사를 맞고 물리치료를 받으러 들어갔다. 침대에 누워야 하는데, 다리를 올릴 수가 없어서 30분 넘게 침대에 올라가지 못했고, 결국 서 있는 상태로 물리치료를 받았다.

허리 상태가 계속 나아지지 않자, 서울에 혼자 있는 게 어려울 것 같았다. 그래서 부모님께 모든 상황을 말씀드리고 구미로 내려가서 부모님과 같이 있기로 했다.

구미에 내려갔던 날, 잘 보지도 않는 텔레비전을 바닥에 옆으로 누운 자세로 오랫동안 보다가 몸을 일으켰다.

그 순간 다시 허리에서 찌릿한 통증이 느껴졌다. 허리 상태가 조금 나아졌다고 방심한 탓이었다.

일시적이라 생각하고 침대에서 푹 자고 일어난 다음 날 아침, 나는 일어날 수 없었다. 손과 팔, 어깨는 움직일 수 있었지만, 허리 아래쪽은 마치 마비가 된 것처럼 아무런 힘도 들어가지 않았다.

진땀을 빼며 침대 프레임을 잡고 지탱한 후 어떻게든 일어나려 시도했지만, 불가능했다.

부모님은 119를 부르자고 했다. 하지만 부축해도 일어날 수 없는 상황이라 스스로 일어나야 했다. 그러자 아빠가 등산 스틱을 가져오셨고, 나는 허리를 단단히 받쳐주는 복대를 꽉 조여 맨 뒤, 양손에 스틱을 쥐고 일어나 보려 했다.

2시간 만에 몸을 겨우 일으켰다. 손이 벌벌 떨렸고, 누워 있던 자리와 온몸은 땀으로 흠뻑 젖어 있었다.

가까운 병원에 가서 진통제를 맞고서야 극심한 통증은 가라앉았지만, 이미 눌린 신경 탓에 하지 방사통이 심해져 제대로 걷지도 못했다. 스틱 없이는 일어나거나 걷는 게 불가능했고, 식탁 위에 작은 테이블을 올려 서 있는 상태로 밥을 먹었다. 샤워할 때도 타월을 바닥에 던져두고 그 위에 발을 올려 발을 씻었다. 하의를 입는 것도 엄마의 도움을 받아야 했다. 극심한 통증에 제대로 씻는 것도 사실 불가능했다.

앉아서 밥을 먹는 일, 소파에 앉아 텔레비전을 보는 일, 샤워나 세수, 옷을 입는 일, 컴퓨터를 하거나 산책하고 운동을 하는 일, 앉아서 노래를 부르는 일까지… 내 삶에서 너무도 당연하던 일상이 하루아침에 무너져버린 듯한 기분이었다. 힘겹게 침대에서 일어나 환기를 시키려 창문을 열려고 했지만, 허리에 힘이 들어가지 않아 그것조차 할 수 없는 내 모습을 마주했다. 결국 다시 침대에 누워 베개가 다 젖을 만큼 소리 없이 눈물을 흘렸다.

그렇게 한 달 넘게 누워 지내는 동안, 깊은 우울감에 빠져버렸다. 아직 노래로 이루고 싶은 것도 많고, 새해를 맞아 새로운 마음으로 세운 계획도 많았는데, 나는 그저 누운 채 하염없이 천장만 바라보았다. 화장실 변기에도 제대로 앉지 못하는 내 모습에, 문득 그냥 이대로 죽고 싶다는 생각까지 들었다. 모든 게 원망스러웠고, 내가 선택했던 모든 것이 후회스러웠다.

## 당연한 것들의 소중함

시련은 여기서 끝나지 않았다.

블리쉬 녹턴 텀블벅 리워드 공연 2주 전, 구미에 있던 어느 날이었다. 저녁으로 엄마가 갈치조림을 해주셨다. 자주 하시진 않지만, 할 때마다 얼큰하고 맛있어서 늘 잘 먹는다. 그런데 엄마와 대화를 나누며 밥을 먹다가, 하필 갈치 가시가 목에 걸렸다. 물을 계속 마시고 밥을 크게 한 숟갈 씹어 삼켜도 이물감이 사라지지 않았다.

공연이 얼마 남지 않아 평소보다 예민한 상태였는데, 시간이 지나도 이물감이 계속 느껴져 그날 밤 온종일 억지로 기침을 세게 했다. 다음 날 서울로 올라가야 했기에 불편한 마음으로 그냥 잠을 잤다.

서울로 올라와 이비인후과에 가서 후두 내시경 검사를 했다. 내시경상으로 가시는 없었는데 거의 일주일 넘게 이물감이 느껴졌다. 찝찝한 마음에 공연 5일을 남겨놓고 위내시경 검사까지 진행했다. 다행히 아무 이상이 없음을 확인하고 안심했다.

그런데 공연 연습을 하던 도중에, 평소에는 나지 않던 쉰 소리가 계속 나고 음정도 제대로 맞지 않았다. 공연을 앞두고 신경이 예민해진 상태에서 목에 걸린 가시 때문에 억지로 세게 기침을 자주 했고, 게다가 위내시경 검사까지 받았기 때문에 컨디션이 계속 좋지 않은 탓이라고만 생각했다. 그래서 연습을 최소화하고 쉬는 쪽을 택했다.

공연 전날 합주 때도 상태는 여전했다. 불안한 마음 때문에 공연 당일이 되니 더 긴장되었다. 나를 보러 와 주신 분들을 위해, 최대한 그런 마음을 숨기고 첫 곡을 불렀다.

역시나 첫 음부터 흔들렸다. 공연 내내 불편했지만, 다행히 큰 실수 없이 공연은 잘 마무리했다.

공연을 무사히 마치고 난 이후에도 계속 소리를 낼 때 이상 증세가 느껴져서 성대 상태를 확인하러 자주 가는 이비인후과에 방문했다. 예전부터 있던 미세한 성대결절 외에는 큰 문제가 없었기에, 이번에도 별일이 없을 것으로 생각했다. 그런데 예상과 달리, 의사는 내게 성대에 문제가 생겼다고 했다. 성대 폴립이었다.

성대결절은 많이 들어봤어도 성대 폴립에 대해서는 잘 몰라서 그 당시에는 별로 심각하다는 생각이 안 들었다. 그런데 성대를 촬영한 영상을 보니 성대 중간에 혹이 생기는 바람에 양쪽 성대가 제대로 접지되지 않아서 바람 새는 목소리가 나고, 음정 컨트롤도 어렵다고 했다. 차라리 성대결절이면 괜찮은데 성대 폴립이면 무조건 수술을 해야 한다고 했다.

수술해야 한다는 얘기에 갑자기 심장이 쿵 내려앉았다. 나는 수술이 아닌 약물로 치료하거나 혹시 다른 방법은 없는지 물었다. 의사는 약물치료는 아예 없고, 음성치료로 호전되는 사례가 있긴 하지만 없어지는 게 확실하지도 않고, 6개월 정도로 시간이 오래 걸린다고 했다.

의사는 워낙 많은 성대 질환 환자를 상대하니 수술에 대해 아무렇지 않게 얘기했지만, 노래하는 사람으로서 성대를 수술한다는 그 자체만으로도 내게는 충격이었다. 의사는 수술을 잘하는 선생님을 소개해 주신다고 하며 진단서를 써주겠다고 했다.

나는 쉽게 결정하지 못해 일단 고민해 보겠다고 말한 뒤 병원을 나왔다. 집에 돌아가는 길 내내 성대 폴립에 대한 정보를 검색하고 유튜브를 찾아보았다. 아까 의사가 얘기한 대로, 수술이 아니면 자연적으로 사라지기는 어렵다는 말뿐이었다. 성대 폴립으로 수술을 받았다는 가수나 개그우먼의 기사와 수술 경험담을 담은 블로그도 넘쳐났다. 진짜 거의 다 찾아본 것 같다.

외국의 어떤 가수는 성대 폴립으로 수술했다가 아예 목소리를 잃은 사례도 있었다.

수많은 사례 중에서 묵언수행으로 성대 폴립이 완전히 사라졌다는 글을 보고, 나는 희망의 끈을 잡기로 했다.

엄마에게도 현재 나의 상태를 알렸다. 불안한 마음에 다른 이비인후과도 가서 확인하고 싶었다. 만약 그 병원에서도 수술을 권하면, 어쩔 수 없이 하겠다고 마음을 먹고 엄마와 함께 대구의 유명한 병원을 찾아갔다.

그곳의 원장님도 내 성대를 보자마자 무조건 수술해야 한다고 했다. 출혈성 폴립인데 생각보다 조금 크기가 있어서 자연적으로 없어지기는 어렵다고 했다. 블로그에서 본 묵언수행으로 증상이 사라졌다는 사례를 언급하자, 선생님은 그런 경우는 매우 드물다고 하셨다. 한 달 정도 묵언수행을 하면 증상이 없어질 가능성도 있지만, 그것이 결코 쉬운 일은 아니며, 가장 빠르게 없애는 방법은 결국 수술이라고 덧붙이셨다. 선생님은 레이저로 바로 제거할 수 있는 간단한 수술이라며, 진단서를 써주시겠다고 했다. 결국 나는 진단서를 들고 병원을 나왔다.

엄마는 묵언수행으로 증상이 사라진다는 확실한 보장도 없고, 한 달 동안 해보다 효과가 없으면 어떻게 할 거냐고 물으셨다. 나도 확신이 없어 마음이 답답했다. 내가 노래하는 사람이 아니었다면 이렇게까지 고민하지 않았을 것이다.

수술 외에 뚜렷한 방법이 없다는 사실이 두렵고 무겁게 다가왔다. 그래도 해보지 않고 포기할 순 없었다. 그렇게 나는 묵언수행을 시작했고, 다른 병원도 계속 알아

봤다.

성대 폴립 수술을 많이 하는 병원이 여러 곳 있었지만, 최근 어떤 연예인이 수술했다는 이야기와 블로그 후기를 보고 신촌 세브란스 병원에 예약했다.

그곳에서도 교수님이 수술을 권하시면, 나는 수술을 하겠다고 마음먹었다. 엄마에게도 그렇게 전했다.

대학병원은 처음 가보는데, 사람이 너무 많아 진료 대기가 거의 한 시간 넘게 이어졌다. 오랜 기다림 끝에 진료실에 들어갔고, 여자 교수님이 코 안으로 카메라를 넣어 성대를 확인했다. 나는 내심 '이 정도 크기면 수술하지 않아도 된다'라는 말을 듣길 간절히 바랐다. 하지만 내 간절한 바람과 달리, 교수님은 내 상태를 보자마자 바로 수술해야 할 것 같다고 말했다.

나는 심장이 쿵 내려앉았다. 노래하는 사람이라 성대 수술이 두렵다고 하자, 교수님은 목소리가 조금 달라질 수도 있다는 점을 알려주었다.

나는 묵언수행에 관해 물었다. 의사는 없어지는 경우가 있긴 하지만, 가능성은 희박하다고 했다. 그래도 혹시 모르니 계속해 보라고 했다. 대학병원에 갔을 때는 이미 약 2주 넘게 묵언수행을 한 상태였다.

진료실을 나오자마자 복도에서 눈물이 왈칵 쏟아졌다. 이곳에서조차 수술을 권유하니 절망스러웠다. 누가 보면 아주 심각한 병에 걸린 사람처럼 울었다.

내 모습을 본 간호사 한 분이 휴지를 건네주었다. 나는 감사 인사를 하고 마음을 추스른 뒤, 집으로 가는 버스를 탔다. 집으로 가면서 여러 생각과 걱정들이 스쳐 지나갔다.

그때 억지로 기침을 하지 않았더라면….
목 관리를 좀 더 열심히 했더라면….
블리쉬 녹턴 앨범 녹음은 어쩌지?
만약 수술로 인해 목소리가 조금이라도 변한다면 어쩌지?

꼬리에 꼬리를 무는 생각에 또다시 눈물이 흘렀다.
버스를 타고 거의 30분 동안 서서 계속 눈물을 흘렸다. 집에 들어오니 마스크가 눈물로 흥건했다.

말하고 노래하는 것은 어릴 때부터 나에게 지극히 당연한 일이었다. 그 당연한 것들이 얼마나 소중한 일임을 잊고 살았던 게 너무 슬펐다. 수술을 쉽게 결정할 수 없는 상황 속에서, 묵언수행이 언제 끝날지도 알 수 없는 채 버텨야 했던 시간은 그야말로 암흑 같았다. 하필 블리쉬 녹턴 시리즈 앨범 중 '그냥 문득 내가 생각났으면 좋겠어'라는 곡의 녹음 일정을 앞두고 있었고, 그 해에 소울메이트 정아 결혼식 축가도 예정되어 있었다. 게다가 내가 간절히 바랐던 싱어게인 시즌 3 참가자 모집도 받고 있었기에 마음이 더욱 착잡했다.

성대 폴립이 발견된 이후, 나는 사람들을 만날 때마다 휴대폰 메모장을 열어 '안녕하세요, 성대에 혹이 생겨 말을 할 수 없는 상황입니다. 양해 부탁드립니다.'라고 써놓은 문장을 보여주었다.

약 두 달 동안은 말이 필요한 상황마다 번역기 앱을 이용해 AI가 나 대신 말을 하도록 했다.

그렇게 힘든 시간을 보내던 중, 갑자기 싱어게인 모집 마감 날짜가 떠올랐다.

나는 예전에 커버로 올려뒀던 노래 영상을 급하게 찾았다. 그리고 홈페이지에 있는 지원서를 작성했다. 노래도 부를 수 없어서 예전에 촬영했던 영상을 첨부하고⋯.

나의 최종 목표는 '동영상 지원'이라고만 적어서 제출했다. 이로써 나의 목표는 다 이뤘다. 오랜 기간 말을 하지 않았을뿐더러 폴립 때문에 제대로 노래를 부를 수 없었지만, 지원서라도 제출하지 않으면 나의 아쉬운 마음이 해소되지 않을 것 같았다.

며칠 뒤, 치과 신경치료를 위해 KTX를 타고 구미로 내려갔다. 늦은 시간이라 부모님은 나를 태우러 왔고, 김천구미역에 도착한 나는 역사로 나가고 있었다. 엄마에게 전화를 걸려는 순간, 문자 한 통이 도착했다.

싱어게인 제작진이었다. 동영상 심사를 통과했다는 소식과 함께, 대면 예심에 대한 안내가 적혀있었다. 문자를 보자마자 소리도 내지 못한 채 꺼이꺼이 울었다. 대면 예심을 볼 수 있다는 것에 대한 기쁨의 눈물이 아니었다.

내 모습을 본 엄마가 놀라며 왜 그러냐고 묻자, 나는 문자 내용을 그대로 보여주었다. 엄마는 올라오는 감정을 누르는 듯, 흔들리는 목소리로 말했다.

"됐다 마, 어차피 지금 말도 안 하고 노래도 못 부르는데… 포기한다고 정중하게 답장해 드려."

구미로 가는 차 안에서 하염없이 눈물이 흘렀다.

다음 날, 가족끼리 외식을 하고 있는데 싱어게인 제작진으로부터 전화가 걸려 왔다. 묵언수행 중이던 나는 긴장된 호흡으로 '여보세요?' 하고 쉰 목소리로 인사했다. 그 후 지원 영상부터 시작해 현재 상황에 관한 여러 이야기를 나누었다. 담당자는 목 상태 때문에 지원을 포기해도 괜찮다고 하면서, 예정된 예심 일정을 알려주며 오늘까지 고민해 보고 연락해 달라고 했다.

고민은 길지 않았다. 제작진에게 가능한 일정을 전달해 드린 뒤, 빠르게 선곡을 마쳤다. 이제 연습해야 했다. 말하는 것도 어색해진 지금에, 노래를 부르는 입술을 떼는 건 더 어렵게 느껴졌다. 어렵게 뗀 입술로 동생 반주에 맞춰 정훈희의 '안개' 중 첫 소절을 내뱉었다.

'나 홀로 걸어가는 안개만이

자욱한 이 거리'

마치 내 모습을 읽는 것 같았다.

예전 내 목소리가 아닌 잔뜩 쉰 목소리로 부르는 내 모습을 본 아빠는 차마 아무 말도 하지 못했고, 엄마는 등을 돌린 채 소파에서 눈물을 터뜨렸다. 나 역시 더 이상 노래를 이어 부를 수 없었다. 나는 엄마를 부둥켜안고 흐르는 눈물을 멈출 수 없었다.

대면 예심 당일, JTBC 스튜디오에 도착해서 현장 안내 제작진과의 소통도 파파고 앱을 통해서 해야 했다.

오랜 대기가 끝나고, 대면 심사장으로 들어갔다. 인사를 하고, 마이크를 잡고 노래를 불렀다. 역시나 목소리는 연습 때와 똑같았다. 그 모습을 본 제작진이 폴립에 관련된 질문을 했고, 그 상태로 노래할 수 있겠냐고 물었다. 나는 아무 말도 하지 못했다. 그럼에도 지원한 이유가 뭐냐고 묻자, 나는 울면서 "너무 간절해서요."라고 답했다. 그렇게 예심은 끝이 났다.

목소리가 제대로 나오지 않음에 마음은 아팠지만, 후

련했다. 제작진 앞에서 대면 예심을 보게 된 자체로 만족했고, 그 이상의 욕심도 당연히 없었다.

  성대 폴립이 생긴 후 약 2개월이 지나고, 현재 상태를 확인하기 위해 떨리는 마음으로 집 근처 이비인후과에 방문했다. 접수도 진료도 앱을 통해 말했다.
  후두 내시경을 보자, 의사가 말했다.
  "성대 깨끗한데요? 아무것도 없어요."
  나는 의심하며, 이전에 촬영해 둔 나의 폴립 사진을 보여드렸다. 그러자 의사는 이 정도 폴립이면 10명 중 약 1~2명 정도가 자연적으로 없어지는 경우라며 축하와 함께 이제 말해도 된다고 했다.
  성대 폴립이 사라진 후, 나는 싱어게인 불합격 통보를 받았다. 하지만 태어나 처음 경험한 긴 침묵 속에서, 그동안 당연하게 여겼던 것들에 대한 소중함 이상을 절실히 느낄 수 있었다.
  허리도 그렇고 내 몸에서 소중하지 않은 것이 하나도 없고, 당연하게 부르던 노래도 결코 당연한 게 아니었음을⋯.

# 04

# 노래하는 마음

# Dear 노래

안녕, 노래.

너에게 쓰는 편지는 처음이라 어딘가 어색한 기분이 들어.

2살 때 우연히 너를 만나게 되었고, 그때부터 지금까지 너는 내게 많은 행복을 주었지. 하지만 점점 성장하면서 내가 마주한 여러 시련 속에서 점차 나는 그 행복을 잊고 살아왔던 것 같네.

어렸을 적엔 나는 그저 순수한 마음으로 너에게 다가가 하염없이 너를 부르고 다니면서 우리 가족에게 다양한 기쁨을 전해 주었어.

사춘기 시절에는 MP3 플레이어로 변신하여 내 주머니 속에서 언제나 내 편이 되어주었지. 고등학교 3학년 때는 전혀 관심 없는 전공으로 입시를 준비하며 잠시 너와 멀어졌던 순간에도, 내가 필요할 때면 당연한 듯 너를 부르고 찾게 되었던 것 같아.

결국 너를 위해 맞지 않던 대학을 포기하고, 미친 듯이 널 쫓아 오롯이 너와 함께할 수 있는 대학에 들어가게 되었지. 그런데 막상 그곳에 입학하고 나니 나는 너에게 지쳐버렸고, 너에 대한 진심을 잃어버렸어.

어렵게 준비해서 들어갔던 대학을 졸업하고 나니, 너와 함께하는 현실의 무게가 점점 더 무거워졌어. 시간이 흐를수록 좌절감 속에서 너를 자연스레 멀리한 시간도 길어졌던 것 같아. 나는 아무것도 바라는 것 없이 너를 정말 좋아했는데, 마치 죄를 짓는 것처럼 내 인생에서 너를 선택한 게 후회가 되고, 잘못된 선택으로 느껴지면서 너를 포기하고 싶었어.

너를 계속 부르고 싶은 이 마음은 그저 욕심인 걸까?

한때 내 모든 것이었던 너.

내가 어떠한 상황에도 너는 나를 단 한 번도 외면한 적이 없었고, 사실은 멀어진 줄로만 알았던 너는 언제나 내 곁에 있었어. 너를 만나지 못했더라면, 나의 감정을 솔직하게 표현하는 일도 참 쉽지 않았을 것 같아.

너로 인해 만나게 된 사람들, 홀로 서는 무대… 지치고 외로운 순간에도 나를 이해해 주는 건 너뿐이었는데, 정말 고마워.


이제는 예전처럼 너를 미친 듯이 쫓아갈 순 없지만, 나는 여전히 앞으로도 너를 놓을 수 없을 것 같아.


완벽하지 않아도 괜찮아.
네가 내 삶의 전부가 아니더라도,
나는 여전히 너를 부르고,
나를 위해 계속 부르고 싶어.
그러니 앞으로도 내 곁에서, 내 삶의 일부로 남아 줘.

## 나라는 사람, 나라는 가수

 나는 '의미'라는 단어를 참 좋아한다. 어떤 일이든, 어떤 대화든, 비록 사소한 것일지라도 항상 그 안에서 의미를 찾는다. 그래서일까. 나는 의미가 없다고 느껴지는 일은 가벼운 마음으로도 시작하지 않는다.

 어릴 때 단순히 좋아했던 노래를 지금까지 놓지 않고 있을 줄은 나 자신도 몰랐다. 그 길을 선택한 뒤, 솔직히 나를 지치게 하는 일들이 많았다. 부모님 또한 나를 걱정하는 마음에 나보다 더 힘든 모습을 보이기도 했다. 서로가 힘든 상황에 직면하는 순간이 많았기에 여러 과정에서 후회도 여러 번 했고, 포기하고 싶은 마음도 들었다.

그럼에도 불구하고, 노래는 여전히 내게 깊은 의미로 남아 있어 나는 그 길을 천천히 걸어가고 있다.

모두가 그런 것은 아니지만, 30대 중반이면 대체로 높은 직급을 달거나, 결혼해 아이를 키우며 안정적인 삶을 추구하는 시기다. 실제로 아버지 회사 동료들의 자녀들은 나보다 어린 나이에 이미 안정적인 삶을 살아가고 있다. 하지만 회사, 직급, 결혼, 아이처럼 많은 부모들이 바라는 '이상적인 삶'이 내게는 의미 없다고 느끼게 된 지는 꽤 오래되었다. 특별한 계기가 있었던 건 아니지만, 그런 선택은 내 마음을 울린 적이 없었고, 비록 안정적인 삶이라고 해도 그들의 삶을 부러워한 적도 없었다.

음악도 마찬가지다. 내 마음을 울리지 않는 노래는 듣고 싶지도, 부르고 싶지도 않았다.

어릴 적부터 고집이 센 성격이어서, 내가 좋아하는 것은 반드시 해야 했고, 싫어하는 것은 절대로 하려 하지 않았다. 엄마를 비롯해 나를 스쳐 간 사람들은 그런 나의 성향을 다소 불편해하기도 했다.

나는 내가 좋아하는 것에 진심을 담고, 오직 그것만을

따라가고 싶은 고집이 있었던 것 같다.

 세상에서 내가 좋아하는 것만 하면서 살 수 없다는 사실을 너무나 잘 알고 있다. 노래도 마찬가지다.

 다만, 내 마음을 울리지 못하는 노래를 억지로 부르게 되면, 결국 다른 사람의 마음도 울릴 수 없다고 믿는다. 그렇게 겉도는 노래는 금방 잊히는 것 같다.

 2015년부터 '블리쉬 녹턴'의 앨범을 발매하기 위해 동생이 쓴 여러 곡을 집중해서 들었다. 그럴 때마다 내 양쪽 귀보다 나의 마음에 깊이 콱 박히는 무언가가 있음을 느끼게 되면서 발매를 결심했다. 수많은 곡을 반복해서 들으면서, 마음에 남지 않는 곡은 어떤 이유에서든 냉정하게 '별로'라고 말했다.

 그렇게 진심을 담아 발매한 곡들은 오랜 시간이 지나도 음질의 기술적 우수함을 떠나 후회가 전혀 없었다. 또한 무대에서 오랜만에 불러도 처음 느꼈던 감정이 매번 새롭게 되살아난다. 그때의 내 감정을 온전히 담은 음악들이 많아, '블리쉬 녹턴'의 음악을 더욱 사랑할 수밖에 없는 것 같다.

그렇지만 내가 '오케이'한 음악이 반드시 정답은 아니다. 내가 좋다고 해서 많은 사람의 공감과 마음을 얻을 수 있는 것은 아니기 때문이다. 이 부분은 평생 숙제로 남을 것 같다.

회사에 들어가 솔로 앨범을 준비하며 다양한 곡들을 받았지만, 그중 대부분은 선택하지 못했다.

정말 하고 싶은 곡이 없었다.

회사와 계약한 상황에서 내가 원하는 것만 할 수 없다는 사실을 잘 알면서도 내 고집은 쉽게 꺾이지 않았고, 차마 억지로 곡을 선택할 수 없었다.

시간이 흘러 결국 다수가 괜찮다고 한 곡으로 녹음을 진행했지만, 내 마음을 담지는 못했다. 결국 그 곡은 엎어졌다.

솔직히 지금까지 발매한 나의 솔로 앨범과 참여한 앨범 중 마음에 드는 곡은 손에 꼽을 정도로 적다.

나를 까탈스럽다고 생각할 수도 있고, 신인이면서 가리는 게 많다고 생각할 수도 있다.

단 한 곡을 위해서 정말 많은 사람의 도움과 시간, 노력과 비용이 들지만, 노래하는 사람으로서 진심이 담기지 않는 앨범을 낸다면 무슨 의미가 있을까 싶다.

요즘은 예전과 달리 음원 시장이 많이 어려워졌다고 한다. 특히 나와 비슷한 무명 가수에게는 점점 설 자리가 좁아지고, 회사 없이 몇 곡이라도 발매하는 것조차 부담스러운 현실이다. 그럼에도 나는 여전히 노래를 믿고, 그 의미를 좇는다.

내 노래가 누군가의 마음을 울릴 수 있다면, 그것만으로도 내가 계속 노래할 충분한 '의미'가 된다.

## 이런 가수로 기억되고 싶다

'나는 수많은 가수 중 어떤 가수로 기억되고 싶은 걸까?'

이 질문에 대해 늘 고민한다.

단순히 정해진 멜로디만을 부르는 것이 아니라, 그 속에 숨겨진 감정을 전할 수 있는 노래를 부르는 사람이 되고 싶다고 항상 마음에 새기고 있다. 그로 인해 듣는 이들에게 위로와 공감으로 누군가의 마음에 다가가는 것, 그야말로 내가 진정 원하는 가수로서의 의미가 아닐까?

무대에 섰을 때, 말로 다 표현할 수 없는 나의 모든 감정과 진심을 노래로 표출할 때 가장 솔직한 내가 되고, 행복감을 느낀다.

나는 나에게 쓴 댓글을 모두 읽는 편이다. 내 노래에서 공감을 얻지 못했다는 댓글도 있지만, 그래도 많은 사람들이 나의 노래를 통해 위로받고 있다고 말해준다.

앞으로 가수로서 나의 시간이 계속 지속될 수 있다면, 단순히 유행을 좇으며 내 의미를 잃어버리는 가수가 되고 싶지는 않다.

훗날 내가 세상에서 사라졌을 때, 누군가 나의 노래를 듣고 위로를 받을 수 있는 목소리로 남고 싶다.

노래를 앞에 두고, 내 안은 현실이라는 벽에 부딪힐 때마다 여전히 위태위태하고 어지럽다.

하지만 더 깊은 목소리와 진심으로, 많은 이들에게 따뜻한 가수로 남기 위해 묵묵히 이 길을 계속 걸어나고 싶다.

## 노래하는 이의 마음

'나는 왜 아직도 노래를 붙잡고 있는 걸까?'
가끔 내게 묻는다.

'블리쉬 녹턴'의 앨범을 발매하고, 노래를 붙잡고 있는 시간이 벌써 10년이 넘었다.

솔직히 말해 이 길을 계속 가는 게 맞는지 의문이 들 때가 많았고, 지금도 그렇다.

음악을 하며 살아가는 동안, 내 주변 사람들의 삶이 하나둘 변해가는 모습을 지켜보았다. 그런 모습을 바라보며 그저 하루하루를 버텨내는, 불안 속에 살아가는 나

자신을 마주할 때면 문득 비참한 기분이 들곤 했다.

방송 때 만났었던 참가자들이 새로운 방송이나 유튜브를 통해 활동하는 모습을 보면서 솔직히 질투를 느꼈던 적도 있다. 나만 그 자리에 멈춰있는 것 같아 초조하기도 하다.

나는 여전히 노래하는 삶을 원한다. 노래를 그만두는 게 더 힘들고 상상만 해도 공허하다. 매일 반복되는 고민 속에서 결국 다시 마이크를 잡는다.

마이크를 잡는 순간, 다시금 깨닫게 된다. 눈에 보이는 결과보다도, 나는 그저 노래하는 그 자체를 사랑하고 있다는 사실을.

부모님, 그리고 누군가는 나에게 현실을 직시하라고 말한다. 어쩌면 더 나이가 들어, 나도 결국 음악을 놓게 되는 날이 올지도 모른다.

하지만 나는 여전히 노래의 힘을 믿는다.

"내가 가는 길이 맞을까?"

"더 나이 들기 전에 포기하고 다른 직업을 찾는 게 좋을까?"

누군가는, 특히 나와 같은 또래로서 노래를 하는 사람이라면, 아마 나와 비슷한 고민을 수도 없이 반복했을 거로 생각한다.

노래뿐만 아니라 어쩌면 좋아하는 꿈을 좇는 모든 사람의 고민일지도 모른다.

길을 걷다 보면 길을 잃기도 한다.

하지만 정작 중요한 것은, 길을 잃어도 잠시 쉬었다가 다시 일어서는 순간이 우리의 이야기를 만드는 것 같다.

누군가의 인정보다 자기 자신을 믿는 게 삶에서 가장 중요한 것 같다.

설령 어둠 속에 겨우 스며드는 바늘구멍만 한 빛일지라도, 그 한 줄기를 붙잡고 포기하지 않기를 바란다.

그리고 언젠가 지나온 길을 바라보며, 부디 웃을 수 있기를….

모두의 꿈을 존중하고, 응원하며 기도한다.

## 노래 일기

## 네이버 프로필

 신생 소속사에 소속되었을 때 '가수'라는 직업으로 네이버 프로필에 내 이름이 등록되었다. 어릴 적부터 그렇게 바라던 일이 펼쳐지자, 만감이 교차했다. 비로소 가수로서의 길이 시작된 것 같았다.

 앞으로 나에게 얼마나 힘겨운 날들이 기다리고 있을지 알 수는 없지만, 그 길을 걸어가며 상처받지 않기를, 포기하지 않고 끝까지 나아가기를 바랐다.

 영원할 수 없다고 해도, 영원을 만들 수 있는 것은 결국 나의 몫인 것 같다.


 어느 날, 음악을 들으며 산책하다가 문득 이런 생각이 들었다.


 '언제쯤 제대로 된 앨범을 낼 수 있을까?'
 '어떤 게 좋은 음악일까?'
 '어떤 내용을 담는 것이 좋을까?'
 '언젠가는 내 노래를 사람들이 좋아할까?'

갑자기 개인으로 낸 앨범이 모든 부분에서 형편없이 느껴지며 모든 게 화가 났다.

이런저런 생각에 잠기다 보니, 나의 부족함이 끝없이 느껴졌다. 마치 보이지 않는 터널 속에서 헤매는 듯한 막막한 기분이었다.


'사람은 스스로 믿는 대로 된다.'라는 말을 좋아한다.

과거를 돌아보면, 내가 믿었던 대로 이루어진 일들이 참 많았다.

사람은 언제나 행복할 수 없고, 실패와 고난은 항상 되풀이된다. 그 시간을 포기하지 않고 견뎌야 행복을 만날 수 있는 것 같다.

미래의 불안감은 누구나 짊어지고 있는 짐이라 생각한다.

내가 좋아하는 것, 내가 생각하는 것을 추구해 가다 보면 언젠가는 내가 원하는 모든 것을 꼭 이룰 거라 믿는다.

나는 그동안 다른 사람의 말에 흔들리곤 했지만, 이제는 내가 원하는 것을 향해, 나 자신을 믿으며 진정한 가수로서 나아가고 싶다.

## 박효신

박효신이라는 가수를 처음 알게 된 건, 길거리에서 팔던 인기 가요 모음 카세트테이프에 담긴 '바보'라는 노래를 통해서였다.

그때가 아마 초등학교 5~6학년쯤이 아니었을까.

그동안 박효신의 노래를 자주 듣고 따라 불렀지만, 오늘 콘서트에서 직접 라이브 무대를 보고 느낀 가슴 먹먹함과 눈물은 처음이었다. 단순히 노래를 잘하는 것을 넘어, 노래에 대한 그의 존중과 노력, 그리고 진심이 내 마음 깊숙이 와닿았다.

데뷔한 지 20년이 흘렀음에도 노래에 대한 진심을 잃지 않는 그의 모습을 보며, 감동을 넘어 한편으론 아픔까지 느껴졌다. 그동안 쌓아온 노력과 땀방울, 그리고 말로 다 할 수 없는 고통의 시간이 분명히 있었을 테니까.

명성과 인기에 안주하지 않고 계속 새로운 변화와 연구를 통해 스스로 한계를 넘으려고 하는 그가 너무 존경스럽다.

비록 나는 유명한 가수가 아니지만, 노래하는 사람으로서 진심으로 노래한 적이 과연 몇 번이나 있었을까? 부끄럽고, 반성한다.

항상 부족한 연습에도 만족하고, 쉽게 포기했던 나.

진정 내가 노래를 부를 자질이 있는 걸까?

## 초심

따뜻한 마음은 변치 않되 자신에게는 더 독해지자.
어떤 어려움이 오더라도 긍정적인 생각으로 이겨내고 다시 일어서자.
쉽게 무너지는 사람이 되지 않기 위해.
나를 믿어주고 응원해 주는 사람들에게 실망을 주지 않기 위해.

내가 무너지는 순간, 나의 꿈도 사라질 것이다.
처음과 같은 마음으로.
시간이 흘러도 한결같은 마음으로.
결국 다 잘될 거라고 믿는다.

음악은 수학처럼 계산적인 게 아니다. 좋은 환경과 음향이 아닌, 진심을 전달하는 일.
좋고 나쁨을 따지지 말고 모든 걸 그대로 받아들이자.
나를 기억하고, 보고 싶어 하고, 보러와 준 분들을 위해 소중하고 간절하게 노래하자.

내 기존의 모습을 깨기 위해, 자신감을 얻기 위해, 부끄러움을 떨쳐 버리기 위해, 나도 몰랐던 내 모습을 보기 위해, 할 수 있는 스펙트럼을 늘리기 위해, 나의 한계를 시험하기 위해, 앞으로 독해지기 위해, 조금 안 좋은 습관을 고치기 위해, 표현을 배우기 위해, 나의 노래 깊어지기 위해, 좀 더 나다워지는 법을 배우기 위해… 노력하자.

내 꿈을 생각하며 고난과 고통, 외로움까지 모두 견뎌내고 끝까지 버티자.
자신을 믿자.
결코 두려운 것이 아니며, 두려워할 필요도 없다.
그리고 겸손하며, 초심을 잊지 말자.
항상 처음과 같은 마음으로.

## 영화, 주토피아

   선입견과 편견, 그리고 모두가 불가능하다고 말할 때도 할 수 있다는 믿음으로 나아가는 자신감과 용기.

   누군가 내게 안 된다고 말할 때면, 나는 과거를 돌아보기보다 순간의 분노에 휩싸였다. 그러다 이내 다음 날이면 그 감정을 잊어버리곤 한다. 그래서 지금껏 이 모양 이 꼴이다. 두려움이 제일 무서운 적인데, 나는 아직도 그걸 깨뜨리지 못하고 있다. 살아오면서 직접 부딪혀보지 않고, 머릿속에서 부정적인 생각에 휘둘려 포기한 날들이 가득하다. 그렇지만 나는 또 두렵다. 앞으로 강해져야 할 내 마음이 버티고 또 버티다 보면 어느새 나도 모르게 강해져 있겠지?

   힘든 시간 속에서도 얻는 것은 분명히 존재하고 불필요한 것들은 없다. 더 높은 곳으로 오르기 위해 지금의 시간이 주어진 것이니, 울지 말고 마음 단단히 먹자. 그렇게 견디다 보면 좋은 날도 분명 올 테니.

인내하며 무심하게 걸어 나가자. 나에게 꿈이 있음에 감사하고, 기회를 주심에 감사하자.

슬픈 일은 생각 말고 좋은 미래만을 생각하자.

분명 생각대로 열어주시니까.

## 너의 노래는

곡을 잘 써서 쓰는 게 아니라, 나의 이야기를 제일 잘 담을 수 있기에 쓰는 것
_정재일(작곡가, 음악감독)

나는 내 이야기를 누군가에게 하는 게 부끄럽고, 어떻게 써 내려가야 할지 잘 모르겠다. 아직 배우고 느껴야 할 것들이 너무나 많다. 나의 이야기를 담는 연습. 내가 진정 원하는 이야기와 음악. 아직 나는 더 고독을 느껴야 할까? 그 시간이 얼마나 걸릴지는 모르겠지만, 그것보다 중요한 건 내 욕심이 비워지는 순간이 오는 게 중요하다.

## 욕심

욕심이 많아서 한 가지도 제대로 하지 못하고,
매번 많은 계획에 실패하고,
의지도 약해서 하나를 끈기 있게 하지 못하고,
근데 이상하게도 계획한 일 중 작은 것 하나라도 그날에 하지 못하면, 새로운 날에 시작해야 한다.
이렇게 변함이 없는데, 과연 나는 무엇을 할 수 있을까?
나는 자신과의 싸움에서 늘 지는 것 같다. 지난해 플래너에도 매번 똑같은 계획들이 쓰여 있는데, 실천하지 못한 일이 수두룩하고, 완벽하게 이룬 적이 없다.
예전에 읽은 글 중, 말도 안 되는 쉬운 습관부터 기르라고 한다. 근데 또 쉬운 습관은 계획에 올리기 싫다.

난 퇴보하고 있다. 알면서도 아무것도 하기 싫다. 어디서부터 뭘 어떻게 시작해야 할지 막막하다 못해 이젠 그냥 아무 생각이 없다. 2020년도에 1년의 세월을 버렸다. 누구 탓도 아닌 내 탓이라서 더 괴롭다. 나는 뭣도 없으면서 욕심만 가득하다. 이런 내가 비참하다.

지난날을 후회해도 소용없겠지만, 난 왜 이렇게 간사할까?

자만만 하고, 정작 열심히 살지는 않았던 것 같다. 이대로 가다가 나락으로 떨어질 것 같다. 당장 바뀌지 않는다면, 나의 40대는 어떻게 흘러갈지 모르겠다. 근데 이 모든 것은 내가 자초한 일이다. 견뎌내던지, 그냥 이렇게 비참하게 살던지, 둘 중 하나다. 앞으로의 행동에 내 미래가 달려있다. 미룰 시간은 없다.

욕심을 버리고 남의 기준에 나를 맞추지 말자.

타인을 부러워하지 말자.

과정을 보지 못하고 결과만으로 부러워하는 짓은 한심한 짓이다. 부러워할 시간에 자기 관리와 연습, 공부에 더 집중하자. 내 안에 부담을 버리고 새로운 마음으로 노래하고 새로운 것을 채우자.

생각을 버리자. 요즘 생각이 너무 많아 마음으로 노래하는 법을 잊은 것 같다. 조금 더 진심으로, 가슴으로 노래하자.

아직 늦지 않았다. 내가 그렇게 생각하면 된다.

남들이 어쨌건, 내 세상은 내가 만든다.

## 길

문득 그런 생각이 들었다.
이 길을 가는 게 맞는 건지.
감히 자질이 있는 건지.
나 자신을 너무 잘 알아서
앞으로 더 어떻게 살아 나가야 할지 막막하고,
아득하기만 하다.

나는 어쩌면 처참한 상황인지도 모른다.
내가 가진 능력과 실력이 너무 부족해서. 막막해서.
오늘은 마음이 무겁다.
숫자와 연관된 삶과 마음의 무게는 더 묵직해졌다.
이제는 열심히 하는 게 뭔지도 사실 잘 모르겠다.
어디서부터 날 고쳐야 할지 정말 모르겠다.

### 인천 성당 주일 미사

미사가 끝나고 갑자기 뒤에서 누군가 내 등을 콕콕 노크했다. 모르는 분이었다.

방송에서 나를 보셨다는 어떤 자매님의 말씀이 깊이 내 마음에 박혔다.

"최효인 씨 같은 분이 가수가 안 되면 누가 가수가 되겠어요? 잘 되실 거예요."

### 복면가왕 녹화

처음 섭외 연락을 받았을 때, 믿기지 않아 당황한 채로 엄마랑 영상 통화를 하며 엉엉 울었던 게 아직도 엊그제 같네. 포기하고 싶은 순간에 찾아온 천금 같은 기회.

비록 3라운드에서 탈락했지만, 좋은 공부가 되었던 준비 과정과 녹화.

나는 노래를 못한다는 생각에 매일 빠져 자존감이 바닥이었는데, 이제는 제발 그 굴레에서 벗어나 나를 더 발전시키고, 천천히 하나씩 오래 쌓아가고 싶다.

사람들이 부디 오래 내 목소리를 기억해 주고, 좋아해 주셨으면 하는 간절한 바람.

## No Boundaries

Adam Lambert의 'No Boundaries', 내가 좋아하는 노래.
한계란 없어.

그래, 어쩌면 길고 높은 산을 걸어가도 끝이 안 보이는 기분일 거야. 그렇지만 결국 오르게 될 산을 지금 마주하는 건 이 세상에 정말 아무것도 아닌 일.

이 정도도 견디지 못하면 내가 좋아하는 일, 내가 하고 싶은 일, 가고자 하는 길, 이루고자 하는 꿈을 이뤄낼 수 없다. 앞으로 더 슬픈 일들, 힘든 일들이 많을 수도 있기에….

난 지금 아무것도 아닌 사람.
눈물이 나도 절대 울지 말고, 강해져라.
내가 사랑하는 파노라마 노래를 세상에 꼭 낼 수 있기를.
큰 공연장, 많은 관객 앞에서 '파노라마'를 부를 날이 꼭 오기를.
우리 가족 다 웃을 수 있기를.
사랑하는 팬들 만날 수 있기를.

내가 더 희생하고 잘할 수 있기를.

고난과 역경, 모두 진정한 가수가 되기 위한 과정과 밑거름이기를.

내 마음의 상처, 몸 아픈 건 아무것도 아닌 일이기를.

내일은 부디 좋은 일이 있기를.

## 팬

나를 응원해 주시는 팬분들이 보고 싶고, 그립다.
그렇지만 그들에겐 차마 보고 싶단 말을 전할 수 없었다.
그들이 생각하는 나는, 반대의 시간을 보내고 있다.
보고 싶어도 언제 볼 수 있을지도 이젠 정말 알 수 없다.
기다림이 짙어지면, 그 마음도 깊어질 거라 믿고 싶다.

### 노래하는 이유

영원이라는 단어를 좋아한다.

정말 영원할 것 같아서…. 그 단어를 믿어서….

그런데 영원이란 존재하지 않는 것 같다. 물론 나조차도 내 마음조차도 그렇다.

그렇지만 음악은 나를 배신하지 않는다. 그 자리, 그 마음, 그 목소리 그대로 영원하다.

내 몸, 그리고 내 주변의 모두가 영원해지지 않는 날도 내 음악, 목소리는 영원히 남으니까.

젊은 나를 떠나보내기 전에 좀 더 내 목소리를 울려 퍼지게 하자.

할 수 있다.

### 아무것도 없는 게 진정한 재산이다

내 마음을 울리지 않는 노래는 불러선 안 된다. 항상 진심을 담아 노래하라.

어쩌면 지금이 제일 행복한 순간일지도 모른다. 내 곁에 사랑하는 사람이 존재하고 살아있으니까. 어느 것이든, 어느 상황이든, 감사하고 노래하자.

곁에 있을 때 더 잘하자. 내 자리 지금 여기서 노력하고, 천천히 걸어가며 많은 것을 보고 배우자.

어쩌면 지금, 이 순간이 길어졌으면 하기도 한다. 앞으로 어떠한 일들이 일어날지 모르는 두려움에….

## 연습

노래 위에 덧칠하는 것.

음정, 강약 그리고 감정 등 부족한 것들이 많았다. 이렇게 부족한 채로 무대에 올라간 날이 많았다는 게 너무 부끄러웠다. 입시 때보다 세심하고 정확한 연습으로 무대에 서는 게 당연한 부분인데, 난 그것들을 철저히 무시하고 뭘 믿고 무슨 자신감으로 무대에서 노래를 불렀는지 모르겠다.

디테일한 연습은 솔직히 귀찮고 힘든 일이다. 입시 때 느껴봐서 잘 안다. 근데 내 연습 부족으로 노래 실력이 점점 썩어가고 있다. 예민한 성격처럼 연습도 예민하게 하길 바란다.

제발.

## 다짐

기분 좋은 떨림.

무대에서 노래하는 건 정말 행복한 일이라는 걸 오늘 또 느꼈다. 공부하고 배울 수 있었던 순간.

120%의 연습으로 100%를 보여주자.

나를 좋아해 주시는 분이 단 한 사람만 남더라도, 온 마음을 다해 노래하자.

철저한 목 관리, 공연에 있어 더 깐깐해지자.

그리고 성장하기 위해 미친 연습, 체력 관리, 깊고 진한 목소리, 진솔한 감정.

난 그런 성향도 아니고 그릇이 아니지만, 정말 좋은 곡으로 삭막한 감정을 바꾸고 싶다.

좋은 곡으로 많은 사람을 치유하고 감동을 줄 수 있길 바라며, 간절하고 절실하게 노력 또 노력.

그리고 기도.

힘들고 외로운 시간을 지나 더 깊은 사람으로 다시 태어나리. 이제 시작이다.

### 힘듦의 크기

내 힘듦의 크기를 감히 당신께서 측정하지도,
위로하지도 말자.
사람들의 위로, 그리고 가식의 말을 점점 더 믿지 않기로 했다.
내가 힘들면 힘든 거고, 아프면 아픈 거다.
내 길을 걸어가자. 넘어지더라도, 내가 힘든 게 설령 내 탓이라고 해도, 힘든 건 힘든 것.

## 빛과 그림자

　무대 위 조명 아래서는 누구보다 빛나고 아름다웠지. 마냥 행복했지. 미소만 지어졌지. 계속 그 자리에서 빛날 수 있는 존재라고 생각했지.
　점점 어두워지는 그림자는 나를 덮쳤고 나를 비웃었지.
　참고 또 참아 언젠가 그 빛을 다시 밝힐 날이 오겠지.
　나를 믿어주는 사람을 위해서라도.
　비록 그림자이더라도.
　그대들은 나를 빛으로만 기억해 주길.
　그래서 내가 그대들을 또 밝힐 수 있기를.

에필로그

# 끝나지 않을
# 노래

 단 한 번도 상상해 본 적도 없는 일이 나에게 일어났다.
 책을 손에 들면 에필로그까지 본 기억이 거의 없는 내가, 에필로그까지 도달했다.

 충주 실용 음악학원 블로그에 내 소개 글이 있다. 어느 날, 학원 원장님께서 한 출판사에서 댓글을 남겼는데, 왜 출판사에서 댓글을 남기셨는지 잘 모르겠지만 한번 연락해 보라고 말씀해 주셨다. 영국의 뮤지션 '제임스 보웬'의 실화를 바탕으로 한 '내 어깨 위 고양이 밥'처럼 에세이를 써서 그 책으로 나중에 영화까지 나오는 것 아니냐며 원장님은 나에게 우스갯소리를 건넸다.

처음에는 출판사의 자체 행사에 초대 가수로 섭외하고 싶은 건가 싶으면서도, 설마 나에게 책을 쓰라고 하는 건 아니겠지? 혼자서 별의별 생각을 다 마친 뒤에 의문스러운 마음으로 원장님께 받은 출판사 메일로 연락드렸다.

우연히 유튜브 알고리즘을 통해 내 영상을 보신 아델북스의 편집자님께서 나의 이야기를 책으로 담고 싶다고 하셨다. 나는 설마 했지만, 나의 이야기를 책으로 써서 출판하자는 제안에 심하게 당황스러웠고, 나 같은 사람에게 감히 올 일이 아니라는 생각이 먼저 들었다. 그러나 편집자님께서 나의 노래와 방송을 통한 나의 이야기를 들으시고, 꼭 책으로 담아보면 좋겠다며 따뜻한 용기를 주셨고, 무엇보다 그분의 진심이 깊이 와닿았다. 그래서 나는 집으로 돌아가는 버스 안에서 주신 용기를 받아들이기로 결심했다. 내가 좋아하는 노래처럼 글도 영원히 남으니까, 대단한 이야기는 아니지만 노래에 대한 마음과 나라는 사람을 언젠가는 기록해 보고 싶었다.

가족에게 이 사실을 알리자마자, 엄마와 동생은 "네가

책을 쓴다고? 출판사가 사람 잘 못 본 거 아니야?"라고 했다. 새로운 변화가 필요하기도 했고, 긍정적인 마음으로 선뜻 결정했지만, 태어나서 내가 글을 쓴 경험이라고는 초등학생 때 썼던 독후감, 마치 숙제 같았던 일기, 핸드폰 메모장에 끄적이던 짧은 가사들이 전부였다.

책이라는 물성과 서점의 분위기는 좋아하지만, 한 권의 책을 온전히 읽는 일 자체도 나에게는 버거운 일이었다. 그런 내가 책을 쓴다니 엄마와 동생이 비아냥거릴만했다.

막상 글을 쓰기 시작하려니 정말 쉽지 않았다. 한 줄을 겨우 쓰고나서 읽어보고 이게 맞나 싶어 부족한 필력에 백스페이스키만 몇만 번 누른 것 같다.

어떤 내용을 담는 게 좋을지, 그냥 주저리 내 경험담만 써 내려가는 이 글이 맞는 건지, 나의 글을 읽어주시는 분들이 어떠한 공감을 얻을 수 있는지… 여러 걱정과 혼란 속에 컴퓨터를 켜고 한글을 켜면 커서가 깜빡이는 모습만 한참을 보다가 컴퓨터를 그냥 종료하곤 했다.

원고 제출을 약속했던 기간도 여러 번 훌쩍 넘겼다. 하지만 그때마다 편집자님은 몇 번이고 내 손을 잡아주시고, 글 쓰는 게 처음이니 어려운 게 당연하다며 항상 따뜻한 응원의 말로 나에게 용기를 새겨주셨다. 덕분에 여기까지 올 수 있었다. 그런 못난 나에게 손을 내밀어주시며 이 책을 세상에 남길 수 있게 해주신 아멜북스 출판사, 편집자님께 깊이 감사를 드린다.

그렇게 1년이라는 시간이 흘렀다. 태어나서 처음으로 이렇게 방대한 양의 글을 썼고, 그러면서 나의 지난 세월을 텍스트로 처음 마주했다. 대단한 삶을 산 것도, 특별한 사람이 된 것도 아니지만 노래가 아니었으면 내 삶은 참 무미건조했을 거라는 생각이 든다.

평범한 듯 평범하지 않았던 내 삶에서, 기쁘고 슬펐던 일, 힘들면서 쉽게 경험할 수 없던 일들까지 모든 것이 소중하게 느껴졌다. 글을 쓰는 과정에서 노래하는 사람 그리고 그냥 나 자신을 많이 돌아보게 된 것 같다. 이 책은 결국 나를 위한 기록인 것 같다.

나는 지금도 좋아하는 노래를 좇으며, 안정되지 못한

채 내일로 가는 중이고 더불어 불안과 걱정 속에 파묻혀 있다. 그래도 나에게는 노래라는 행복이 있어서 살아갈 수 있다.

나에게는 여러모로 특별함을 준 책이다. 하지만 이 책을 읽으시는 분들에게는 어떠한 의미로 와닿을지 잘 모르겠지만, 내 이야기를 끝까지 들어주셔서 진심으로 감사하다는 말을 전하고 싶다. 나의 글이 누군가에게 작은 위로가 될 수 있다면, 그것만으로도 이 책을 쓴 '의미'는 충분한 것 같다.

그리고

묵묵히 내게 응원의 빛을 보내준 팬들,
나의 하루와 새벽을 늘 지켜준 사랑하는 해와 별,
그리고 달.
어떠한 내 모습도 그대로 안아주는
아무 이유가 필요 없는 나의 0호 팬, 가족.

이 작은 책 한 권을 빌려,
태우지 않은 진심을 놓아둔다.

## 노래하는 마음

초판 1쇄 발행 2025년 11월 24일

지은이 최해든
펴낸이 박열림
펴낸곳 아델북스

블로그 blog.naver.com/adelbooks
인스타그램 instagram.com/adelbooks24
투고 adelpress@naver.com

ⓒ최해든, 2025
ISBN 979-11-7215-198-0 03810

-이 책 내용의 전부 또는 일부를 이용하려면 반드시 저작권자와 아델북스의 서면 동의를 받아야 합니다.
-잘못 만들어진 책은 구입하신 곳에서 교환해드립니다.
-**책값은 뒤표지에 있습니다.**